SCÈNES
DE LA
VIE DE THÉATRE.

Rabais Considérable au comptant.

Romans à 3 fr. le Volume.

Et 2 fr. 50 c. en en prenant au moins 50 vol.

LE PETIT ET LE GRAND MONDE, esquisse de mœurs, par madame Hipolyte Taunay, 2 vol. in-8. 6

LA JEUNE AVEUGLE, par le même, 2 v. 6

L'AIGLE ET LA COLOMBE, précédé d'une introduction Litéraire, par le Vicomte d'Arlincourt 2 vol. in-8. 6

LE LORD BOHÉMIEN, par Alfred Des-Essart, 2 vol. 6

LE PROTECTEUR MYSTÉRIEUX, roman de mœurs, par H.-B. — 2 vol. in-8. 6

MÉDÉRIC, roman intime, par Charles Marchal, 6

L'AMOUR D'UNE FEMME, par Charlotte de Sor, auteur des Souvenirs du duc de Vicence, 2me édi., 2 vol. 6

UNE PERLE DANS LA MER, par Dessessard 2 v. 6

LE CONFESSIONAL de l'hôtel de Sens, par Amédée de Bast, 2 vol. 6

L'INDUSTRIEL ou Noblesse et Roture, 2 v. 6

LA FEMME AIMABLE, par Louis Couailhac, 2 v. 6

GEORGES DE ROSIÈRES, par Carle Led'huy, 2 v. 6

LE BOUQUET DE LA REINE, par le même, 2 vol. 6

ROMANS SOUS PRESSE.

LE PAUVRE DE SAINT-SÉVERIN, roman historique, par la Comtesse O. D. 2 v. in-8. 15 fr.

LES DEUX GRISETTES ou la Manon Lescaut du Marais, Roman de Mœurs, 2 v. 15 fr.

MADAME DE TERVILLE ou souffrir et sourire, par Carle Ledhuy, 2 v. in-8. 15 fr.

LES ENFANTS DU SIÈCLE, roman de mœurs, par Eugène Briffault, 2 v. in-8. 15 fr.

LA HAINE D'UN PRÊTRE, roman de mœurs, par le baron de *** 2 vol. in-8. 15 fr.

— Impr. de Pommeret et Guenot, r. Mignon. —

SCÈNES DE LA VIE DE THÉATRE.

LES
MÈRES D'ACTRICES

ROMAN DE MOEURS

Par L. Couailhac.

III

PARIS
SCHWARTZ ET GAGNOT, ÉDITEURS,
QUAI DES AUGUSTINS.
1843.

CINQUIÈME PARTIE.

I

Les importuns.

— Eh bien... mon pauvre Lantoine... comment trouves-tu ce pays-ci ?

— Très beau... je pense seulement que nous y faisons un séjour un peu prolongé... voilà près de deux mois que nous y avons pris notre billet de logement.

— Est-ce que tu t'ennuierais ?

— Je ne m'ennuie jamais...

— Cependant tu bâilles...

— C'est pour passer le temps.

— A la bonne heure.

— Vous êtes donc venu ici pour prendre de l'exercice ?

— Peut-être...

— Eh bien... vous êtes à votre affaire... car vous vous en donnez toute la journée à faire aller ces diablesses de rames... Le soir vous devez être diantrement fatigué.

— Non...

— Vous êtes de fer... mais prenez donc garde... tandis que vous êtes en train de regarder cette maudite île autour de laquelle nous faisons tant d'évolutions, voilà que le courant nous emporte sur ce fameux rocher... vous savez... celui qui vous a fait faire l'autre jour une si jolie culbute... prenez donc garde... moi qui n'ai qu'un bras, je ne serais pas flatté d'être, ne fût-ce que pour un quart d'heure, le concitoyen des brochets et des barbillons...

— Es-tu content de ma manœuvre ?

— Enchanté... oh ! vous êtes en progrès... ah çà ! est-ce que vous n'avez pas fait la même réflexion que moi ?

— Communique-moi ta réflexion.

— Eh bien... je crois que cet endroit-ci n'est pas aussi sauvage qu'il en a l'air...

— Je ne me suis pas aperçu de cela.

— C'est que vous n'avez jamais vu dans les environs une douzaine de particuliers d'assez mauvaise mine et qui reçoivent les ordres d'un olibrius qui me déplaît souverainement... ce sont des voleurs, des contrebandiers ou des mouchards.

— Tu rêves...

— Non... je ne rêve pas... je les ai d'abord surpris rôdant individuellement et par physionomies séparées... et puis l'autre jour comme je faisais mon somme dans le petit bois, derrière une charmille, j'ai été réveillé par un bruit de voix. Tous mes maîtres étaient réunis autour de l'olibrius en question... il leur parlait dans un baragouin dégoûtant et qui pouvait bien être de l'allemand... quel dommage que je ne sache pas la langue des cordonniers et des marchandes de petits balais ! j'aurais tout entendu et cela aurait pu nous servir par la suite...

— Tu as rêvé et tu rêves encore...

— C'est bon... c'est bon... nous verrons si j'avais raison...

— Tu auras pris de bons paysans pour des gens de mauvaise allure.

— Et mon olibrius qui a des lunettes et une perruque?

— Quelque maître d'école d'un village voisin.

— Un maître d'école ne donne pas ses leçons en plein champ et ses élèves ont plutôt des jaquettes que de la barbe au menton.

— Pour moi, en fait d'étrangers, je n'ai encore vu que ce jeune homme...

— Ah! oui... ce tout jeune homme si élégant et si bien mis... un lion, comme vous dites... qui se promène souvent sur la rive en face de l'île... et qui s'éloigne à grands pas dès qu'il nous aperçoit... nous n'avons jamais pu le reluquer à notre aise.

— C'est quelque voyageur... mais il semble fréquenter avec beaucoup d'affectation les endroits dans lesquels nous avons l'habitude d'aller... il y est toujours ou devant nous ou derrière nous...

— Mais à distance... j'ai remarqué aussi qu'il avait comme vous la vue sans cesse braquée sur le château de Minden...

— C'est vrai !...

— Et j'ai remarqué aussi que cela vous contrariait beaucoup...

— Tu es fou...

— Tenez... voilà justement votre jeune homme... il sort du petit bois et nous suit des yeux...

— Abordons près du petit bois...

— Il a vu notre mouvement... et il est déjà parti... il est rentré sous les arbres...

— Tu en es sûr...

— Oui, tournez-vous un peu et regardez.

Victor abandonna un instant ses rames pour jeter un coup-d'œil derrière lui.

— Il n'est plus là...

— Tenez... le voilà maintenant à cent pas plus loin... derrière le gros orme.

— Oui... tu as raison...

— Nous le suivrions pendant une semaine comme ça, que ce serait peine perdue...

— Il faudra que je demande au père Fritz ce que c'est que ce jeune homme...

— Je profiterai de l'occasion pour avoir des renseignements sur mon olibrius.

Dans l'après-dînée Victor et l'invalide accompagnaient sur les bords du fleuve le pêcheur qui allait poser ses filets, lorsque l'étranger se montra tout-à-coup dans le lointain.

— Quel est ce jeune homme, Fritz... dit vivement Victor. Le connaissez-vous?...

— Ma foi non! mais attendez-donc...

— Vous le connaissez...

— Mais oui... je l'ai vu l'autre jour au village de Podlitz, de l'autre côté de l'eau, chez mon compère Tiller... il y demeure depuis quelques jours et vient de Coblentz où il retourne presque tous les soirs... C'est un Français...

— Ah! c'est un Français... et il s'appelle...

— J'ai entendu mon compère l'appeler M. Arthur...

— Arthur. . et pas d'autre nom...

— M. Arthur tout simplement... C'est un très joli garçon et qui, s'il restait à Podlitz, ferait tourner la tête à bien des filles... sa figure est mignonne et toute gentille et il a un pied qui tiendrait deux fois dans ma main... Il est peintre aussi...

— Allons... se dit Victor, il paraît que nous sommes tous peintres...

Depuis un quart-d'heure l'invalide promenait de tous côtés des regards inquiets, il guettait celui qu'il appelait son olibrius, il aurait voulu avoir des détails aussi; mais le hasard ne le favorisa pas, l'olibrius demeura invisible.

— J'avais aussi quelque chose à vous demander, père Fritz, dit l'invalide au pêcheur...

— Tout à votre service, M. Lantoine...

— Mais je ne trouve pas mon affaire... peut-être bien pourrez-vous me reconnaître ça de mémoire...

— Voyons...

— Qu'est-ce que c'est qu'un paroissien qui a des lunettes sur le nez, une perruque en fil de carotte, un habit marron-d'Inde taillé à la mode de papa Robespierre, une culotte noire comme celle de mon grand oncle, et des bas de soie ou de coton de couleur idem... l'étoffe n'y fait rien...

— Je ne connais ça ni à Burgau, ni dans aucun village du ressort, Monsieur Lantoine.

— C'est sans doute un revenant...

— Ma foi, je le croirais bien...

— Il a choisi là un singulier costume...

— Est-ce qu'ils ne prennent pas toutes les formes ?

— Voyez-vous ces animaux-là ! eh bien ! je vous réponds que revenant ou non, l'olibrius aura de mes nouvelles. S'il vient de l'autre monde, il me le dira.

— Vous avez du courage, Monsieur Lantoine...

— Du courage ! pour se frotter un peu à un cadet comme celui-là... merci ! Comment donc, père Fritz, auriez-vous appelé ce que nous avions dans le ventre quand nous brossions les Mamelouks autour des Pyramides, ou qu'à Eylau nous bousculions toute l'artillerie russe à coups de crosses de fusil... Du courage ! l'ancien, ne nous servons pas de ce mot-là mal à propos, ça le gâterait.

L'invalide se dit en rentrant :

— C'est égal... puisque je n'ai pas pu montrer mon olibrius au père Fritz, il faut que je le lui remette entre les mains, que je le lui fournisse vivant et avec toutes ses dents... il l'étudiera tout à son aise comme un objet d'histoire naturelle, et ce sera bien le diable s'il se trompe sur son compte... Presque tous les soirs, l'olibrius vient se mettre en embuscade sur la pelouse, à l'ombre des petits châtaigniers, à une portée de fusil de la maison ; et il n'a pas mauvais goût... c'est le plus joli endroit des environs... quand j'arrive sur lui, il se met à fuir à toutes jambes, comme un cerf lancé par les chiens... mais sois tranquille, mon garçon... cette fois, je vais te mettre dans l'impossibilité de m'échapper...

L'invalide s'empara de tous les filets hors de service qu'il pût trouver chez le pêcheur et arrangea au-dessus de la pelouse un de ces grands pièges à double battant avec lesquels on prend des oiseaux. Le filet était assez ar tistement caché sous les feuilles des châtaigniers, et la longue corde qui, à un mouvement donné, devait ramener les deux battants sur eux-mêmes et leur faire figurer une sorte de cage, aboutissait à la chambre occupée par Lantoine dans la maison du pêcheur. Victor qui surprit l'invalide au milieu de cette besogne, ne put tirer de lui aucune explication. Il se montra discret et mystérieux comme un protocole.

— Na, dit-il, quand il eût fini... l'oiseau peut venir ce soir, il n'y verra que du feu, et je crois que son affaire est bonne.

La nuit était arrivée et l'invalide, sa corde à la main, se tenait en observation à sa fenêtre.

— Le voilà, s'écria-t-il tout à coup! à la bonne heure... il n'a pas manqué au rendez-vous, mais il y a quelqu'un avec lui... Voyons quel peut être cet autre compagnon? Une femme, Dieu me pardonne! il paraît que l'olibrius sait varier agréablement ses occupations... quel dommage que nous soyons déjà entre chien et loup et que je ne puisse voir plus distinctement... Ils se font des signes en montrant la maison de Fritz... et puis voilà qu'ils passent à des occupations plus agréables : l'olibrius prend amoureusement la taille de la donzelle, qui ne le repousse que faiblement... ils se dirigent vers la pelouse... bon... le fait est qu'ils ne pouvaient choisir un nid plus moëlleux... L'olibrius connaît la situation des lieux ; voilà mes pigeons assis à l'ombre... je tire la ficelle; tant pis pour les autres...

Les deux battants vigoureusement tirés tombèrent aussitôt ; un grand cri poussé en partie double se fit entendre.

— Oui... oui... chantez, mes jolis rossignols, s'écria l'invalide en courant vers la pelouse... je vais vous apprendre à siffler de nouveaux airs...

L'invalide leva le filet et mit la main sur le cavalier. Mais pendant ce temps-là, la dame qui s'était promptement levée, se mit à fuir à travers champs. L'invalide voulut faire un mouvement pour l'arrêter ; pendant ce temps-là l'olibrius lui échappa et se sauva à tire d'aile.

— Oh! minute, minute, s'écria Lantoine en se lançant à sa poursuite ; à cette chasse-là, on ne prend pas toujours le mâle et la femelle à la fois... mais le mâle me restera. Alerte.

Tout à coup un grand bruit retentit, — comme le bruit d'un corps qui tombe dans l'eau — et il fut aussitôt suivi d'un long gémissement de détresse.

Dans le premier moment, l'olibrius avait perdu la tête ; il s'était jeté du côté de la maison du pêcheur au lieu de fuir du côté opposé, avait rencontré sous ses pas un puits à fleur de terre, et s'y était laissé choir comme l'astronome de la fable.

L'invalide qui ne voyait plus son homme, arriva au bord du puits et entendit des barbottements, des tapottements et des cris étouffés. Le danger était pressant.

— Un homme à la mer ! un homme à la mer ! s'écria-t-il de toute la force de ses poumons.

Toute la maison accourut avec des flambeaux. On jeta une corde au malheureux et on le hissa hors de son incommode prison. Déjà il n'était plus qu'à quelques pouces de la margelle, et tout le monde attendait avec impatience le moment où il allait se montrer et où on pourrait le reconnaître.

Mais à peine avait-il paru à la surface, à peine les paysans avaient-ils pu jeter un coup-d'œil sur sa figure cachée par les mèches éplorées de sa perruque, que l'invalide fit tomber sur lui un grand filet à manche dont il s'était armé, l'enleva et le chargea sur ses épaules en disant :

— Un instant... je ne veux plus que mon prisonnier s'envole... je vais le mettre en lieu sûr, et là, vous pourrez le voir tout à votre aise.

Et il entra dans la maison, suivi de toute l'assistance qui se précipitait avec une véritable fureur de curiosité à ce spectacle d'un nouveau genre. Il déposa son fardeau sur une table, autour de laquelle on fit cercle.

— Maintenant, pêcheur Fritz, faites-moi le plaisir de me dire ce que c'est que ce poisson-là ?

— Grand Dieu ! s'écria Fritz... c'est M. Frimann, le secrétaire du bourguemestre de Coblentz.

— Un secrétaire de bourguemestre !

— Oui... insolent étranger... s'écria Frimann

en descendant de la table et en se secouant.

L'eau coulait de ses vêtements comme de plusieurs fontaines et formait une mare autour de lui.

— Prenez donc garde, Monsieur le secrétaire, lui dit l'invalide... vous recommencez le déluge...

— Tremblez...

— Ah! comme vos dents claquent! vous attrapperez un rhume de cerveau, bien sûr... voilà ce que c'est que de se promener si tard sous l'ombrage...

— J'étais dans l'exercice de mes fonctions...

— Singulières fonctions!

— Mon rapport sera fulminant.

— Dites donc, l'ancien, n'oubliez pas de raconter dans votre rapport que vous étiez pincé au traquenard avec une dame ou demoiselle qui n'a pas jugé à propos de subir la confrontation.

Tous les paysans se mirent à rire aux éclats, et Frimann, sans prendre le temps de se sécher, sortit de la maison en courant et tira vers Coblentz.

II

Le Neveu.

—Ah! ça! mon cher Monsieur... seriez-vous donc amoureux de cette inconnue au long voile blanc, ou noir, ou vert... car si elle tient au voile, elle ne tient pas, à ce qu'il paraît, à la couleur... seriez-vous amoureux de cette inconnue que mon oncle fait gémir dans ses fers et que les paysans des environs ont déjà comparée à la belle et infortunée Rosamonde.

— Non... monsieur le comte... le site me plaît... et comme je dessine un peu...

— Ah ! vous aussi.. je remarque qu'il n'y a jamais eu de ce côté-ci une telle affluence d'artistes et d'amateurs de la belle nature, que depuis que Paula, l'héritière directe de Rosamonde, réside dans le château de Minden.

— Que voulez-vous dire ?

— C'est que je viens de rencontrer tout-à-l'heure M. Arthur.

— Arthur ?

— Oui... M. Arthur de Cérizy... un Français... un de vos compatriotes...

— Vous le connaissez ?...

— Je l'ai vu quelquefois... Oh ! c'est la plus divertissante histoire... et si vous étiez curieux...

— Je suis très curieux...

— Il y a quelque temps, j'ai rencontré à Francfort... au Casino des étrangers... ce M. Arthur... un charmant cavalier... plein de distinction et d'élégance... Il me fit l'honneur de rechercher ma compagnie... Entre jeunes gens, la connaissance est bientôt établie... Un beau jour il m'adressa absolument la même demande que vous...

— Quelle demande?

— De le présenter au duc de Minden.

— Ah! ah!...

— Je lui fis absolument la même réponse qu'à vous... que j'étais avec le cher oncle dans des termes déplorables... que son abord était des plus farouches...

— Je sais...

— Le jeune homme parut se contenter de la réponse... mais il ne se tint pas pour battu... A peu de temps de là, j'eus besoin de voir mon oncle pour une dette criarde qui pouvait nuire à mon avancement... J'arrive à Minden... et qu'est-ce que je trouve à la porte même du château?

— M. Arthur...

— Justement... Ma foi, il fut si pressant, il me témoigna en termes si vifs et si chaleureux son amour pour les ruines gothiques, que j'aurais eu mauvaise grâce à ne pas l'introduire avec moi... Mon oncle lui fit un très bon accueil, quoique toujours un peu froid... Le soir même... après souper... je trouvai dans ma chambre la somme que j'étais venu demander, et une invitation très polie de quitter le château le lendemain matin... Mon oncle me disait dans sa lettre que ma conduite était devenue pour lui un tel sujet d'affliction et de regret, qu'il ne pouvait supporter ma présence... Tous les oncles sont ainsi bâtis... vous le savez... ils ne changeront pas. Le lendemain matin, je quittai cette demeure inhospitalière...

— Et M. Arthur ?
— Il resta...
— Ah ! il resta...
— Mais, hélas ! ce ne fut pas pour longtemps... Il vient de me dire qu'au bout de quelques jours il s'était aperçu, à ne pas s'y méprendre, que sa résidence au château paraissait fort gênante à son hôte, et que la discrétion l'avait forcé à battre en retraite... Mais ce qu'il y a de plus singulier, c'est qu'il n'a pas pu voir un seul instant cette Paula dont je lui avais parlé... et il en paraît fort contrarié... C'est en vain qu'il a mis en usage tous les moyens connus... ses ruses et ses séductions ont échoué. C'est une maison bien gardée... Je

n'ai rien pu lui apprendre..., je n'en sais pas plus que lui... Il paraît que le cher oncle tient sa Rosamonde au secret le plus absolu... à moins qu'elle-même n'ait un grand goût pour la solitude...

— Quel étrange mystère !

— Étrange, est le mot... quant à moi, je me demande tous les jours quel est l'intérêt si puissant qui a pu engager cette jeune fille à s'enfermer dans ces vieilles murailles et à vivre en société d'un vieux diplomate... la société la plus triste qui se puisse trouver, surtout pour une jeune fille... M. Arthur reste aussi dans ces environs pour dessiner des sites... Le mystère a sans doute des appas pour lui, et il n'a pas encore dit son dernier mot... Il aspire à être le Sphinx qui dénouera cette énigme... Je vais rejoindre quelques amis, le baron de Worbel, le chevalier Prings, le colonel Brank, avec lesquels je chasse dans la forêt voisine, et dont je me suis séparé un instant... Bonne chance... et surtout si vous rencontrez M. Arthur, ne vous coupez pas la gorge avec lui...

— Quelle mauvaise plaisanterie !

— Je vous trouverai à Paris avec plaisir à mon premier voyage...

— Je ne vous reverrai donc plus ici ?...

— Ce n'est point probable... Il faut que j'aille me montrer à mon régiment à Spandau... et de là je retournerai à Francfort, où des juifs complaisants m'escomptent d'avance mon hypothétique héritage... Sans ces enfants d'Israël, foi de gentilhomme, il me serait impossible de vivre.. Jamais neveu n'a eu un oncle plus oncle que le mien.

III

La Bande comique.

Les sons joyeux d'un violon résonnent dans l'unique rue de Burgau. Toutes les commères du village mettent le nez à la fenêtre, et les hommes battent la mesure sur le pas de la porte. On a reconnu l'archet du ménétrier du canton, et tous ces bons Allemands, si sensibles aux accords de la bonne comme de la mauvaise musique, sont sur le point de se mettre à valser comme aux jours de grande fête. La lyre d'Amphion a remué des pierres de taille. C'est beau ! mais la musique prouve encore bien mieux sa puissance en remuant des Allemands. La fable est vaincue par la réalité.

— O hé ! père Strauss, crie-t-on de toutes parts au ménétrier, est-ce une noce ? .. dansera-t-on ?...

Mais en voyant le singulier cortége qui accompagne le père Strauss, le village s'aperçoit bientôt que ce n'est pas une noce allemande qui vient s'ébattre chez lui.

De belles dames jeunes, jolies, à la toilette simple et élégante, donnent le bras à des messieurs qui ont mis habit bas, cravatte aussi, et qui ressemblent à des Colins d'opéra-comique. Les dames ont confié leurs chapeaux de paille à leurs cavaliers qui les portent au bout de leur canne, et toutes ont sur la tête de jolies couronnes de bleuets et de marguerites. Rien de plus gracieux et de plus frais que ces charmants visages animés par la joie et s'épanouissant sous cette coiffure printannière.

On marche deux à deux et on saute en cadence.

En tête de la troupe marche une espèce de

tambour-major d'assez médiocre taille, ma foi, mais qui pour se donner de l'importance brandit en l'air une grande branche d'arbre encore garnie de ses feuilles.

— Pas si vite, Polydore, pas si vite, lui crie-t-on derrière lui. Tu nous fais manquer notre entrée.

Tous ces gais compères, toutes ces joyeuses commères sont les artistes de la troupe de Maugiron. Ils ont profité d'un jour de relâche pour venir manger une matelotte sur les bords du Rhin. — Quand on s'est trouvé en pleine campagne, on a mis pied à terre, on a laissé là les voitures, on s'est jeté à travers champs et on s'est livré à mille folies. — L'acteur habitué à vivre dans une salle enfumée, devant la rampe aux émanations étouffantes, entre des arbres peints et des bosquets vernis, se sent toujours pris d'une sorte de vertige au milieu des beautés de la nature réelle; l'odeur des fleurs et des grandes herbes lui monte à la tête. Il jouit de tout cela comme un enfant.

En route on avait rencontré un ménétrier qui se rendait à une fête voisine, et on l'avait enrôlé en faisant briller à ses yeux quelques thalers.

Les artistes, et surtout les artistes français, portent partout leur joie, leur insouciance, leurs heureuses et spirituelles saillies. Ils savent embellir et animer les situations les plus ordinaires par ces inspirations de bonne et franche gaîté, qui dénotent le génie du plaisir; leur verve est intarissable. Ils improvisent. Les ateliers, les coulisses, les réunions d'écrivains pourraient nous fournir comme exemples de véritables miracles d'improvisation humoristique. Mettez des Anglais ensemble, ils calculeront, des Allemands, ils boiront, des Hollandais, ils fumeront, des Italiens, ils chanteront, des Espagnols, ils conspireront, des Français, ils s'amuseront et amuseront la galerie.

— Ah! çà, où tuons-nous le veau gras, dit Polydore...

— Mais il me semble, lui répondit Laffemas, le père noble de la troupe, que nous n'avons pas le choix...

— C'est vrai, dit Amanda... la classique

branche de buis n'est pendue qu'à une seule porte...

— Et comme d'un coup-d'œil, ajouta Laffemas, nous embrassons le village d'un bout à l'autre...

— Et cela sans avoir un regard d'aigle...

— Il n'y a pas à hésiter, reprit Polydore... notre choix est fait...

— Mais il me semble, dit Gustave...

— Taisez-vous, Gustave, s'écria brusquement Amanda.

— Mon cher Gustave, lui dit Polydore en souriant, vous savez que si par état vous soufflez beaucoup au théâtre, à la ville vous ne pouvez souffler mot... Amanda le défend.

— C'est dans son intérêt... il a la poitrine si faible.

Gustave fit semblant d'applaudir à la saillie de Polydore, et remercia par un regard l'impérieuse Amanda de l'intérêt qu'elle voulait bien lui porter.

Ce pauvre garçon était descendu bien bas. Encore un pas, et il justifiait pleinement le mot de l'un de ses anciens professeurs qui avait dit de lui dans un moment de colère :

« *Tu eris stulte!* — Tu seras crétin ! »

La bande comique entra chez Fritz. A la vue des instruments de pêche qui garnissaient de tous côtés les murs :

— Ah !... ah !... lui dit Polydore, il paraît, mon cher hôte, que vous vendez la sauce après avoir attrappé le poisson... Vous cumulez... c'est un excellent moyen de s'enrichir... Nous savons cela en France... Vous vous enrichirez. Je vous le souhaite... et je vous le souhaiterai bien davantage encore après le dîner, surtout si vous nous donnez de bon vin et des carpes qui n'aient point encore nagé dans la casserolle... Je meurs de faim...

Toute la bande fit chorus et la table fut bientôt dressée. La famille Fritz, qui n'avait jamais vu tant de monde, ouvrait de grands yeux, et tout le village, suivant sa louable habitude, était aux fenêtres.

On en était à ce moment solennel où chacun garde le silence, occupé qu'il est à satisfaire les premiers besoins de son estomac, et où le pas trotte-menu d'une souris sur le parquet résonnerait à l'oreille la plus dure, lorsque les convives entendirent tout à coup ce refrain national, chanté dans la cour par une voix passablement chevrotante :

> Tu n'auras pas ma rose,
> Tu n'auras pas ma rose,
> Car tu la flétrirais — hais !
> Car tu la flétrirais — hais !

— Il y a un Français ici, s'écria vivement Polydore...

— Il y en a deux, répondit Fritz...

— Deux Français dans ce pays perdu !

— Oui... un vieux... celui qui vient de chanter dans la cour... et un plus jeune...

— Messieurs, je fais une motion, dit Polydore en se levant et en agitant sa serviette...

— Écoutons...

— Quand des compatriotes se rencontrent sur une plage si éloignée, ils ne peuvent moins faire que de se donner une poignée de main et de trinquer ensemble... Je lance la proposition suivante : une invitation à dîner sera adressée au nom de la compagnie aux deux Français, qui sont en ce moment sous le même ciel germain que nous...

— Adopté... adopté...

— Faisons les choses dans toutes les règles... que ceux qui sont d'avis d'adopter ma proposition veuillent bien lever leurs fourchettes.

Le mouvement fut général et s'opéra avec une précision toute militaire...

— Toutes les fourchettes sont levées... très bien... Je dois néanmoins procéder à la contre-épreuve... que ceux qui sont d'avis de ne pas adopter ma proposition veuillent bien lever leurs fourchettes... pas une fourchette n'est levée... très bien... ma proposition est adoptée...

— Bravo! crièrent-ils tous.

— Pêcheur, dit Polydore en s'adressant à Fritz avec une sorte de solennité, va dire aux deux Français déjà nommés, qu'une société de comédiens ambulants du plus haut parage, une société composée de marquis, de duchesses, de financiers, de rois, de colombines et de queues rouges, les prie de vouloir bien leur faire l'honneur de s'asseoir à la même table qu'elle.

Fritz alla trouver Victor et remplit fidèlement son message, sans trop le comprendre.

Le jeune homme vit bien qu'il avait affaire à des gens d'esprit et il se garda de refuser leur offre.

A son entrée, Victor fut reconnu par toute la troupe et bruyamment salué par un concerto de couteaux sur les assiettes et sur les verres.

— Ma foi, Messieurs, dit Polydore, en serrant la main de Victor, dans ces Français auquel nous offrions une place à notre table, je ne m'attendais pas à trouver encore des amis... Il paraît, mon cher auteur, que vous prenez goût aux voyages...

— Ce goût là me porte bonheur, répondit Victor, après avoir fait un salut gracieux à tout le monde, puisqu'il me donne l'occasion de me trouver si souvent en aussi joyeuse et aussi aimable compagnie...

— Ah! ah! reprit Polydore, nous faisons du madrigal...

— Il est fort aimable, ce monsieur Victor, dit Phylis, qui n'avait pas reçu depuis longtemps des nouvelles de son cornet à piston et qui n'était par conséquent pas en train de pleurer.

On parla de la France, de Paris, des pièces nouvelles, du boulevard de Gand, de l'obélisque de Luxor. — Jamais les Français ne s'occupent tant de leur pays que lorsqu'ils n'y sont pas; les Anglais voyagent pour oublier le leur.

De temps en temps Phylis, qui était placée auprès de Victor, lui pressait tendrement le genou. Il ne savait pas trop comment répondre à cette avance, et sa situation était des plus embarrassantes. Il n'était pas dans une disposition d'esprit qui lui permît de prendre la succession du cornet à piston.

Au dessert, les têtes étaient un peu échauffées.

— Je fais encore une motion, s'écria tout-à-coup Polydore.

— Ah! ça... combien a-t-il donc de motions dans le ventre, dit Laffemas dont les yeux étaient noyés dans les vapeurs du vin, et dont la tête tombait de temps en temps sur la table.

— Par suite de la persévérance avec laquelle ces bons paysans paraissent nous étudier, on voit qu'ils ne sont pas habitués aux divertissements... Il faut leur en donner un... à moi, Laffemas... à moi, Brusquet, toi, qui fais si bien la Statue du commandeur dans le *Festin de Pierre*... à moi, Amanda... montons sur la table et jouons à ces braves gens une parade dont ils se souviendront longtemps!

Polydore, ainsi que ses camarades, s'affublèrent tant bien que mal avec la nappe et les serviettes. La table fut exhaussée et prit la forme de tréteaux; tout le public se plaça sur des bancs disposés en cercle; et Polydore, s'élançant sur son théâtre improvisé, risqua, au milieu des fumées de l'ivresse, la parade la plus ébouriffante et la plus séditieuse qui se pût voir!

— Messieurs et dames, s'écria-t-il d'une voix de fausset, en s'avançant sur le bord de la table, vous allez voir ce que vous allez voir... vous êtes priés de n'en pas faire part à vos amis et connaissances, et de ne pas dire que vous n'avez pas payé vos loges... N'y revenez pas, quand même vous seriez contents. Nous allons vous donner une seule et unique représentation, sans la permission de M. le bourguemestre et des autres autorités constituées. Allez, la musique... Suivez le monde, suivez le monde, suivez le monde, et ne nous donnez pas de coups de bâton en sortant.

L'invalide, fidèle habitué des représentations acrobatiques des Champs-Elysées, applaudit beaucoup, et quelques-uns des paysans l'imitèrent. — La masse en était encore à l'étonnement.

Polydore se retira un instant derrière le rideau qui servait de toile de fonds, pour se concerter avec ses trois accolytes; puis il revint, salua et dit :

— Messieurs et dames, nous allons vous jouer un drame allemand en plusieurs tableaux et à grand spectacle; il a pour titre : *La Bière et le Tabac*. Les paroles sont de meinherr Bonckrichoffmann, la musique de meinherr Lapanistostirisher, les décors de meinherr Lavasnispomenorkanz, les costumes de meinherr Kleyn et les décors de meinherr

Zang. Nous faisons appel à toute votre indulgence.

L'invalide applaudit encore.

— Attention, s'écria Polydore, nous commençons... Moi, je suis un roi, un empereur de n'importe où... vous me reconnaissez à ma longue canne, à mon col noir de grenadier et à la bourse que je tiens à la main. Cette bourse, c'est le peuple qui la remplit; la canne fait rentrer les contributions.

(Les bons paysans commencent à tendre le col.)

— Attention... J'ai une femme qui s'appelle l'Allemagne... bonne femme au fond, mais qui est sujette, depuis quelque temps, à une vilaine maladie, qu'on appelle la fièvre révolutionnaire... Quand elle est dans sa crise, elle me demande une constitution que je lui ai promise, dit-elle, et dont je ne veux pas avoir entendu parler. Un cadeau comme ça me coûterait trop cher.

(Gros rires dans l'auditoire, mêlés d'une vague agitation.)

Amanda paraît sur le théâtre.

— Attention... voici ma femme qui entre en

scène; elle est dans son quart-d'heure de fièvre... Qu'avez-vous, ma poulotte? est-ce que vous me bouderiez encore ce matin?

— Je vous bouderai jusqu'à ce que vous teniez votre promesse.

— Mais, ma chère Allemagne, je ne puis...

— Lorsque, il y a vingt ans, Napoléon, un de vos voisins, vous battait et que vous m'appelâtes à votre secours, vous n'étiez pas aussi récalcitrant. Ah! que je me repens de ne vous avoir pas laissé battre!

— Mais, Poulotte...

— Ma constitution!

— Cependant... ma biche...

— Je vais vous arracher les yeux!

— Pourtant... bobonne...

L'Allemagne se précipite sur son mari et lui arrache un peu les yeux. Celui-ci se sauve en disant qu'il va chercher du secours.

(Les applaudissements et les rires éclatent dans toute la salle.)

Le roi revient avec *le Tabac*, représenté par Brusquet, et *la Bière*, personnage joué par Laffemas qui s'est fait une sorte de vêtement avec un vieux tonneau.

Le *Tabac* s'assied au côté gauche de l'Allemagne, la *Bière* au côté droit; ils lui prennent les mains, ils lui envoient des bouffées à la figure, ils la magnétisent, ils la bercent, ils l'endorment; et quand ils l'ont bien endormie, le roi fouille dans ses poches, prend tout ce qui s'y trouve, la bâillonne, la garotte et l'enferme sous clef.

Puis il salue l'assistance en disant :

— Maintenant, je puis aller tranquillement passer mes soldats en revue et faire la guerre de marionnettes.

Ce dénouement fut accueilli par une effroyable explosion d'éclats de rire, de bravos, de trépignements et de hourras. Quelques-uns des plus enthousiastes cassèrent les bancs et voulurent porter Polydore en triomphe. Il se refusa modestement à cette ovation, et se retira derrière la toile pour se déshabiller.

— Eh bien, qu'en pensez-vous, mon cher, dit-il ensuite à Victor... avez-vous vu la joie de toutes ces bonnes gens quand nous avons caressé un peu les épaules de leurs maîtres avec le fouet de la satire?...

— Je pense, mon ami, que si vous vous aviseiz d'aller jouer cette amusante pasquinade sur le théâtre de Dresde ou de Berlin, vous risqueriez fort de passer quelques années entre quatre murs.

— Je le sais... il ne faut pas se heurter aux puissants... Mais il est si doux de consoler quelquefois les malheureux et les opprimés... J'aimerais à être toujours le comédien d'un pareil public.

La bande comique partit pour rejoindre la ville, et fut accompagnée jusqu'aux limites des possessions du village par tous les paysans et par les deux Français. Phylis marchait à côté de Victor, et elle finit par lui demander son bras.

— Phylis... Phylis... lui criait Laffemas tout en trébuchant... on voit bien qu'il y a long-temps que tu n'as reçu de lettre de ton cornet à piston.

Au moment de la séparation, Polydore dit au jeune homme :

— Ah ça, mon cher... nous donnons demain notre dernière représentation à Coblentz... il faut absolument que vous veniez nous voir.

— Oui, monsieur Victor, venez... ajouta Phylis avec une inflexion de voix excessivement tendre.

— Vous assisterez à notre départ, reprit Polydore, et vous aurez au moins le temps de nous faire vos adieux.

Tout le monde joignit ses instances à celles de Polydore, et Victor promit d'aller le lendemain à Coblentz.

Il tint parole.

Il n'était pas fâché de faire un instant diversion à ses inquiétudes, et de dérouter un peu Fritz et le curé, qui ne cessaient de lui demander les tableaux qu'il avait promis de leur faire et dont il était obligé de remettre sans cesse la livraison au lendemain.

La salle de spectacle de Coblentz offrait, les jours de représentation de la troupe française, une physionomie amusante à étudier.

Les premières places étaient occupées par

tous les grands personnages, — le gouverneur, les généraux, les hautes existences.

Plus haut — et plus loin — se montraient tous les hobereaux du voisinage qui avaient passé par les armées et les emplois publics, et qui venaient de temps en temps faire parade de leurs économies devant les citadins.

Enfin le parterre et les galeries supérieures appartenaient à quelques bourgeois qui du temps de notre occupation s'étaient habitués à notre langue et avaient pris une teinture de nos mœurs, de nos goûts et de notre littérature.

On voyait bien que le pays n'était pas là et que tous ces spectateurs appartenaient à des classes plus ou moins privilégiées. Cette réunion n'avait rien de l'entrain des grandes réunions allemandes. Elle était sèche, froide et compassée. C'était l'Allemagne des congrès et des camps, non pas l'Allemagne des universités et des tavernes. Chacun était renfermé dans sa personnalité; les distances entre les classes étaient bien marquées. Les uniformes dominaient. Toutes les femmes, excepté quelques-unes de ces femmes cosmopolites qui appartiennent à la haute aristocratie de tous les pays, avaient des toilettes ridicules — ou d'une richesse exagérée, — ou d'une simplicité niaise et absurde — et dans lesquelles le goût n'était pour rien. Une Parisienne sait être élégante avec un fichu et une robe d'indienne. Les provinciales et les étrangères des classes intermédiaires paraissent pauvres et mesquines avec des diamants.

En jetant un coup-d'œil froid sur cette assemblée, Victor remarqua avec une certaine joie, combien dans presque tous les pays, et en Allemagne surtout, le peuple vaut mieux et pour le fonds et pour la forme que les classes qui sont au-dessus de lui. Lui seul conserve les habitudes de ses pères, son costume national, son cachet propre. Lui seul cultive les vertus du sol. L'aristocratie Allemande s'est toujours attachée à copier les modes, les riens, les ridicules de ses voisins,— tantôt Russe, tantôt Anglaise, le plus souvent Française. Elle a toujours été une parodie de l'étranger. Pour trouver l'Allemagne, il faut descendre vers le peuple, j'ai presque dit monter.

Ainsi cette salle de spectacle de Coblentz, pleine de toute l'aristocratie du pays, ne présentait pas à Victor, sauf quelques grands cordons et quelques broderies — un autre aspect que telle ou telle de nos salles de moyenne province — Dijon, Rennes, Nancy, ou Montpellier. Le Germanisme était effacé.

Victor trouva cet esprit d'imitation misérable, et ne put retenir un mouvement de pitié.

Quelques Français — touristes — diplomates en passage — artistes — négociants — venaient assister avec une sorte d'orgueil à la glorification des chefs-d'œuvre de notre scène. Quelques-uns d'entre eux — les plus jeunes — passaient tour à tour de la salle dans les coulisses, et papillonnaient auprès des actrices. C'est une maladie de notre pays. Parmi eux le commis voyageur gascon, l'ennemi intime de Maugiron, se faisait surtout remarquer par son extrême pétulance. Il voulait que tout le monde sût bien qu'il connaissait tous les membres de la troupe; il allait à tous moments chercher des nouvelles sur la scène et les rapportait à ses voisins; il savait pourquoi la jeune première boitait, pourquoi la soubrette faisait mauvaise mine; il disait le calembourg que venait de faire le second comique en s'habillant; il parlait haut, il bavardait à tort et à travers, il s'enivrait de ses paroles et prodiguait sa personnalité. C'est encore là une maladie de notre pays, et que nous portons avec soin à l'étranger.

Maugiron, tout de noir habillé, et précédé de deux domestiques tenant des flambeaux, courait suivant son habitude de loge en loge, présentant ses hommages à madame la duchesse, offrant ses humbles salutations à M. le comte, réclamant l'indulgence de M. le baron, s'inclinant jusqu'à terre devant tout le monde, et regrettant qu'il n'y eût pas là le moindre souverain, afin de pouvoir recueillir encore et enregistrer dans son répertoire une parole impériale ou royale.

On donnait *Bertrand et Raton* et le *Mariage de raison*. Ces deux charmantes pièces de M. Scribe obtinrent le succès qu'elles ont obtenu parmi nous, et plus de succès encore peut-être. M. Scribe est celui de nos auteurs dramatiques qui a toutes les prédilections de l'étranger. Ses intrigues musquées, son style naïf et simple, sa plaisanterie fine, quoique un peu vulgaire, son papillotage amusant conviennent parfaitement au noble public de Vienne et de Berlin. *Bertrand et Raton* eut les honneurs de la soirée, grâce à ses velléités anti-révolutionnaires. Les guerriers empanachés et les politiques de la Sainte-Alliance, qui étaient là en majorité, s'amusèrent beaucoup ; les bourgeois firent un peu la grimace. M. Scribe est le poète des puissants, des heureux et des habiles, pour ne pas dire des roués.

Pendant un entr'acte, Victor aperçut, d'un bout du foyer à l'autre, un jeune homme dont la tournure ressemblait beaucoup à celle de M. Arthur. Il voulut aller le reconnaître de plus près, mais empêché par la foule, il fut retardé dans sa marche, et lorsqu'il arriva à l'autre bout du foyer, le jeune homme n'était plus là.

M. Arthur l'avait vu aussi, et s'était hâté de rentrer dans sa loge.

Entre la comédie et le vaudeville, Victor monta sur la scène pour féliciter Polydore sur la manière dont il avait joué le principal personnage.

— Vous êtes trop bon, mon cher ami, lui répondit l'acteur, mais vous me faites plaisir... J'avais besoin du suffrage d'un homme désintéressé... car ce n'est pas mon jeu qui a amusé toutes ces têtes carrées, c'est mon rôle... Ces gens là devaient sympathiser avec les roueries du Bertrand de M. Scribe... Plusieurs d'entre eux ont pu se reconnaître! La comédie est un miroir...

— Oh! oui... il y en a beaucoup parmi eux qui ont tenu les fils de la mystification politique.

— Tenez... mettez-vous un peu au trou du rideau, et regardez ce vieillard dont la figure impassible s'illumine de temps en temps des éclairs d'un œil profondément enfoui sous le sourcil et ne se montrant que par intervalles... Tout à l'heure, pendant que je parlais, il a souri, et son sourire m'a effrayé. C'était toute une révélation.

—Oui... cet homme doit être l'un des grands

politiques qui dans le premier quart de ce siècle ont lutté avec persévérance du fond des chancelleries germaniques, et par la seule force de l'intrigue diplomatique et de l'intelligence, contre la puissance extraordinaire des armes de Napoléon... Ces rides sèches et profondes qui sillonnent son front ont été creusées par la pensée... Il a le sentiment de sa valeur, car il est simple et ne déploie aucun faste, tandis qu'autour de lui le vulgaire a recours pour briller aux oripeaux, aux crachats et aux grandes livrées... Ses lèvres, dédaigneusement plissées aux deux coins de la bouche, indiquent le mépris des hommes et la satiété... Cet homme a beaucoup fait, beaucoup vu et peu senti... C'est un génie froid...

— Vous avez deviné juste... J'ai pris tout à l'heure quelques renseignements auprès de Maugiron... c'est le duc de Minden.

— Le duc de Minden?

— M. le duc de Minden est un ancien ministre... le plus habile des...

— Le duc de Minden !...

— Mais qu'avez-vous donc ?...

— Il est seul ici...

— Je ne vous comprends pas...

— Vous avez raison, mon cher ami, et je suis fou...

—Eh bien... monsieur Victor... dit Maugiron qui survint dans ce moment... vous voyez que nous avons du monde...

— Oui... votre salle est fort brillante... répondit Victor d'un air préoccupé.

— Oh ! ce n'est rien encore cela... Nous avons l'habitude de jouer devant des assemblées bien autrement majestueuses. Si vous aviez vu notre public aux eaux d'Ems... des impératrices, des rois, des princes, des grandes duchesses... un parterre de têtes couronnées ! C'est à Ems que le roi de Bavière me fit l'honneur de me dire : « M. Maugiron, je vous trouve engraissé. » Ah ! jamais ce mot touchant ne sortira de ma mémoire... Je pleure encore toutes les fois que j'y pense... Il n'y a que les souverains pour avoir de ces mots-là... Vos révolutionnaires de France ne pourraient pas les trouver... J'avoue que dans ce moment solennel il m'a semblé que je recevais la récompense de tous les efforts que je fais depuis vingt-cinq ans pour amuser les princes et leurs cours.

— Mais, mon bon Maugiron, vous ne nous dites pas, reprit Polydore, que Sa Majesté le roi de Bavière accompagna son mot d'un très joli cadeau... une tabatière garnie de diamants... je crois.

— Oui... la tabatière n'a pas gâté le mot... Je l'ai déposée dans ma collection, où figurent toutes les tabatières, toutes les épingles, toutes les bagues que m'a octroyées la munificence de tous les grands personnages que j'ai eu l'honneur de servir...

— Dites-donc... Maugiron... une réflexion... Est-ce que ce n'est pas la tabatière plutôt que le mot qui vous aurait arraché des larmes?

— Polydore... Polydore... J'ai déjà remarqué que vous aviez une tendance d'esprit passablement anarchique... Mais voyons... est-ce que vous n'auriez pas été attendri comme moi, si vous aviez été présenté à l'impératrice de Russie, et qu'elle vous eût dit en vous voyant, sans vous laisser le temps de prononcer une parole : « Mon cher Maugiron, vous pouvez vous retirer. »

— En effet, c'est fort agréable.

— Mais vous n'attachez aucun prix à ces familiarités-là, vous.

— Je l'avoue.

— Ne l'avouez donc pas si haut... vous pourriez me compromettre.

— Vous ne manquez pas de prudence.

— Bon... Amanda est prête... Nous allons commencer le *Mariage de raison*... Au rideau !

Victor n'avait pas attendu la fin de la conversation pour retourner dans la salle. Il se promenait dans les couloirs, et revenait toujours malgré lui à la porte de la loge occupée par le duc de Minden.

Lorsque le spectacle fut terminé et que le duc sortit, Victor le suivit sans trop se rendre compte du motif qui dirigeait ses pas.

Le duc n'alla pas comme tout le monde chercher sa voiture du côté du grand vestibule du théâtre.

Il prit un petit corridor obscur qui conduisait aux loges basses et grillées, et frappa discrètement à la porte de l'une d'elles.

Une femme en sortit; ses traits étaient cachés sous un voile. Elle prit le bras du duc.

Victor sentit son cœur battre à coups redoublés dans sa poitrine... C'était *elle* !

Il s'attacha aux pas du duc et de sa compagne, et au moment où, au milieu de l'embarras de la foule et d'une obscurité dont les reverbères municipaux ne triomphaient qu'avec peine, il s'approchait de la femme au voile et allait lui prendre la main, il sentit son bras arrêté...

C'était Arthur qui s'était placé entre lui et l'être mystérieux.

— Monsieur, lui dit-il à voix basse et en l'entraînant du côté de la lumière... vous me rendrez raison de cet outrage... demain chez moi... à six heures.

Quel fut son étonnement lorsqu'en jetant les yeux sur son antagoniste, il reconnut Amélie!

Il poussa un cri et lorsqu'il revint de son premier moment de surprise, Amélie avait déjà disparu.

IV

Les Reproches.

— Me voici, monsieur, exacte au rendez-vous que vous m'avez donné hier soir.

—Eh quoi ! Amélie, c'est vous!...

— Oui, c'est Amélie que vous avez lâchement trahie, abandonnée...

— Croyez bien, Amélie, que jamais je n'oublierai l'affection que vous m'avez témoignée... quel que soit l'avenir que mon sort me réserve, vous aurez toujours une place dans mes préoccupations et une part dans mon bonheur.

—Mais est-ce donc cela que je viens réclamer de vous, Monsieur ? J'étais heureuse, j'étais fêtée, j'étais riche... j'ai tout quitté pour me jeter dans vos bras... Votre amour m'avait rendue à moi-même... votre amour me faisait oublier les humiliations du passé et les douleurs du présent... et puis vous croyez qu'il suffit de me dire un jour que ma présence vous gêne, que mon affection vous est insupportable, pour qu'Amélie puisse vivre encore de la vie dont vous lui avez appris à rougir et à laquelle elle a dit un éternel adieu... non... non... vous vous êtes trompé... j'ai pris au sérieux, moi, le retour que j'ai fait à ces douces félicités de ma jeunesse... je ne puis recommencer un passé que j'abhorre... Il ne fallait pas me faire rompre avec lui, pour me laisser ensuite sans guide et sans appui... Je serais restée au milieu des enivrements du désordre, joyeuse et tranquille, puisque je ne comprenais pas ma honte... Ah ! vous me la faites regretter...

— Amélie !...

— Vous voudriez me repousser du pied dans la fange... mais maintenant il est trop tard... je veux être à un seul homme... à un homme que j'estimerai... que j'aimerai... et cet homme, c'est vous.

— Amélie, personne n'est maître des battements de son cœur... des mouvements de son âme... il faut obéir à sa destinée... vous avez assez de qualités et de charmes pour satisfaire les désirs du plus ambitieux des amants... mais il est dans la vie de ces accidents heureux ou malheureux qui vous dominent et vous entraînent... ne m'interrogez pas, Amélie... ne m'interrogez pas...

— Oui, je vous comprends... une autre...

— Ne m'interrogez pas, Amélie... les souvenirs sont le poison du bonheur présent...

— Ces souvenirs sont-ils donc une barrière infranchissable ?

— Infranchissable... Pourquoi chercher une félicité mensongère... une félicité qui serait corrompue à tout instant par l'inquiétude et les regrets...

— Victor, ces frivoles prétextes dont votre indifférence se pare, je ne les accepte pas, moi... je me vengerai de votre trahison, sur vous

et sur tous ceux qui en sont les complices...
jusqu'à mon dernier souffle je serai sur vos pas
et je vous ferai sentir l'aiguillon de mon ressentiment... Victor, c'est la paix ou la guerre
que je vous apporte... Voulez-vous reprendre
avec moi la route de Paris?

— En aucun cas je ne pourrais accepter des conditions ainsi posées...

— C'est votre dernier mot...

— Mon dernier mot...

— Prenez garde, Victor... cette femme je la connaitrai enfin, et alors malheur à elle.

— A elle!...

— Et malheur à vous!..

V

Tentative.

— Mon vieux Lantoine, j'ai un projet pour lequel j'ai besoin de ton aide.

— Je suis toujours fidèle au poste, monsieur Victor... ce matin je me suis bien douté, quand nous avons repris le chemin de Burgau, qu'il y avait encore quelque anguille sous roche...

— Ah ! si tu savais !

— Chut... je ne vous demande rien...

— Cette nuit il faut que je pénètre dans l'île de Minden...

— Cette maudite île en face, qui est si bien gardée!

— Et de là dans le château...

— Excusez... l'entreprise n'est pas mince...

— Nous choisirons un endroit bien écarté et bien couvert, du côté des peupliers... nous y débarquerons et tu m'attendras là...

— J'aimerais mieux vous suivre jusqu'au bout.

— C'est impossible... et tu me serviras mieux au poste que je t'indique... pendant notre absence on pourrait enlever le bateau et je me trouverais sans moyen de regagner Burgau...

— Vous avez raison.

La journée se passa en préparatifs. A minuit Victor et l'invalide s'embarquèrent au moment où tout le village était plongé dans le plus profond sommeil. Les rames étaient enveloppées de linges, de manière à ne faire aucun bruit en prenant l'eau et en la quittant. Une lanterne sourde et une échelle de corde étaient dans le fond du bateau.

En approchant de Minden, Victor manœuvra avec une grande prudence. La nuit était obscure et la chaloupe glissait silencieusement sur les eaux ; vingt fois les voyageurs furent sur le point d'aborder le rivage, et vingt fois ils reculèrent, croyant avoir entendu du bruit sur le sable et dans les ajoncs. Mais au-dessus du rideau de peupliers, ils trouvèrent un point favorable; le rivage revenait sur lui-même et formait une petite anse assez profonde, qu'un vieux saule séculaire et aux proportions gigantesques couvrait de son tronc et de ses rameaux penchés en avant. On aurait dit que ce toit naturel avait été fait tout exprès pour protéger les navigateurs contre les rayons du soleil ou les injures de la pluie.

Tout était tranquille aux environs.

Nos deux navigateurs prirent terre dans la petite anse. Victor plaça le bateau sous la carapace du saule, de manière à ce qu'il ne put être vu, même par l'œil le plus soupçonneux, et s'élança dans l'île en recommandant à l'invalide l'immobilité la plus complète.

Victor, son échelle de corde à la ceinture, pénétra dans la forêt, choisissant les endroits les moins fréquentés, tantôt se frayant un passage dans les taillis, tantôt se servant du couteau pour abattre les ronces et les épines tantôt rampant sur ses mains et sur ses genoux, tantôt se levant pour prêter l'oreille et s'assurer que personne n'était sur ses traces.

Après un pénible voyage de près d'une demi-heure, il arriva enfin aux pieds du mur du château.

La lune s'était un instant dégagée des sombres nuages qui la couvraient, et jetait ses pâles rayons sur l'édifice dont elle faisait ressortir l'aspect triste et mélancolique.

Victor put contempler ces restes poétiques d'une époque grande et chevaleresque.

Mais il n'y avait pas un instant à perdre. Il s'était bien orienté et se trouvait juste en face de la tourelle du nord. Il traversa le fossé qui était à sec et prit ses dispositions.

A quinze pieds environ du sol, la tourelle offrait un rebord en saillie prononcée. Au dessus du rebord se présentaient en étage et assez éloignées les unes des autres, des ouvertures qui pouvaient donner passage à un homme, et la plate-forme dominait toute la construction.

Victor parvint à jeter les crochets de son échelle de corde sur la saillie, et les assura dans les trous qu'offraient entre elles ces pierres minées par le temps; — il mettait le pied sur le premier échelon pour grimper lestement jusqu'à l'ouverture la plus prochaine, lorsqu'un effroyable son de cor se fit tout à coup entendre derrière lui.

Il se retourna vivement et il vit deux ombres, l'une plus grande, l'autre plus petite et plus élancée, disparaître dans les profondeurs du bois.

Cependant une grande agitation commençait à régner dans le château. Les lumières se montraient aux fenêtres et des éclats de voix retentissaient de tous côtés.

Il était prudent de battre en retraite. Victor se rejeta dans le bois et au même instant le cor retentit encore une fois, mais à quelque distance.

Victor savait que des chasseurs comme Blücher et ses fils sont de terribles fureteurs de nuit. Il savait que le pas le plus léger, le frottement des mains sur l'herbe, le grincement du feuillage pouvaient leur donner l'éveil. Il se tapit dans un fourré épais, et attendit là que l'orage fut passé.

En cet instant le cor fit entendre une troisième fanfare.

Cependant les domestiques du château et les gardes chasse s'étaient répandus dans le bois. On passa et repassa plusieurs fois près de Victor sans que son asile fut découvert. Il entendait distinctement les jurons et les imprécations de ceux qui le poursuivaient. Dans un certain moment il sentit même tout près de sa figure l'haleine chaude et vive de l'un des chiens qui avaient été lancés dans les taillis. Il ne bougea pas.

Enfin tout retomba dans le silence. On s'était probablement lassé des recherches. Victor sortit du fourré et se dirigea du côté du fleuve en suivant la méthode qu'il avait adoptée pour aller au château, mais cette fois avec plus de circonspection encore. Déjà il apercevait le ciel qui pointait dans une trouée, à une distance assez rapprochée; déjà il entendait le murmure des eaux du fleuve, lorsque tout à coup retentirent derrière lui les aboiements des chiens, puis résonnèrent sur le sol des pas précipités.

On avait trouvé son sillon.

Il n'y avait pas à hésiter.

Victor se leva et se précipita du côté du rivage. Arrivé là et pour ne pas laisser de traces, il grimpa sur le saule, l'embrassa, se laissa aller à la dérive en tournant sur lui-même, et quand il fut de l'autre côté du tronc, lâcha l'arbre et tomba dans le bateau.

L'invalide lui serra la main et voulut parler. Mais Victor lui mit vivement la main sur la bouche pour lui imposer silence.

Il était temps.

Blücher et ses fils venaient d'arriver auprès du saule.

Le terrible garde-chasse, harassé de fatigue, s'assit sur le tronc de l'arbre et s'essuya le front.

— Je n'ai jamais rien vu de pareil, dit-il; par où ce diable incarné a-t-il pu passer? Nous faire perdre ainsi la piste!... Ah! s'il m'était tombé sous la main!... Il faut qu'il se soit jeté dans le fleuve et qu'il nage comme un poisson, plutôt sous l'eau que dessus, car on n'aperçoit pas le moindre mouvement d'ici à l'autre rive, on n'entend pas le moindre bruit...

— Mon père, dit l'un des fils, voilà une échelle de corde que je viens de trouver au pied de la tourelle...

— Une échelle de corde! diable c'est mieux qu'un maraudeur ordinaire... il voulait pénétrer dans le château... Mais alors pourquoi ces trois fanfares qui ont successivement retenti... ce n'est pas lui qui a pu vouloir se trahir! Qui a donc donné du cor?...

— Oui... qui a donné du cor, se dit en lui-même notre héros.

— Je m'y perds, reprit le garde-chasse.

— Et moi aussi, se dit encore Victor.

— C'est égal... j'ai là dans mon fusil une balle qui s'ennuie et qui aurait été bien logée dans le corps de ce drôle... ah! qu'il n'y revienne pas, car, par les âmes de Minden! je jure que je ne le manquerai pas.

— C'est bon à savoir, pensa Victor.

— Allons... garçon... faites encore une battue dans toute l'île... puis deux de vous pourront alors prendre un peu de repos... les deux autres feront bonne garde avec moi.

Blücher s'éloigna avec son redoutable état-major. Aussitôt Victor se mit en mesure de quitter ces parages inhospitaliers. Il jeta de tous côtés un coup-d'œil rapide, puis donnant au bateau une légère impulsion, le poussa doucement au large.

Mais, par malheur, il n'était pas encore à une fort grande distance de l'île, lorsqu'une des rames, mal assurée dans son anneau, quitta le bord, lui glissa dans la main et tomba dans le bateau. Il paraît que le bruit fut entendu, car le bois retentit de plusieurs cris se répondant l'un à l'autre ; de grandes silhouettes humaines se dessinèrent sur le rivage et il y eut un cliquetis d'armes suivi d'un grand silence.

— Couchez-vous, cria vivement l'invalide à Victor.

Victor se jeta au fond du bateau et s'y mit à plat-ventre à côté de l'invalide.

Une seconde après, plusieurs coups de feu dirigés sur eux partaient de l'île. Deux balles se logèrent dans le bois du bateau, l'une à l'avant, l'autre à l'arrière, et firent voler des éclats. Les autres sifflèrent un peu au-dessus de la coque; elles auraient pu jouer un mauvais tour à nos deux navigateurs, s'ils n'avaient pas quitté leurs places.

— Bien visé, dit l'invalide en se relevant. Vous voyez, monsieur Victor, que mon conseil était bon... je connaissais mes gredins... ils nous ont déjà donné l'autre jour un avant-goût de leur manière de vivre... C'est du gentil! Heureusement que le courant nous a portés hors de la portée des joujoux de ces agréables choucroûtes.

— Oui... mais il n'y a pas une minute à perdre, dit Victor qui s'était remis aux rames. Ils vont sans doute se lancer à notre poursuite... regagnons le bras gauche du fleuve, du côté de Burgau... et tandis qu'ils nous croiront sur le bras droit où nous nous trouvons encore, nous retournerons tranquillement chez Fritz.

Les conjectures de Victor se confirmèrent pleinement. Blucher et deux de ses fils s'étaient effectivement jetés dans un canot. Mais croyant que les coureurs de nuit venaient de la rive droite, ils firent de ce côté d'inutiles recherches. Pendant ce temps-là Victor et son compagnon regagnaient Burgau.

Quand ils furent rassurés sur les conséquences de la poursuite, Victor dit à l'invalide :

— Ah ça... il y a toujours là-dedans quelque chose que je ne puis m'expliquer... Pendant que tu étais là en sentinelle, tu n'as rien vu, rien entendu ?

— Mais si fait... et il y a une heure que je vous aurais déjà parlé de ça, si nous n'avions pas eu ces maudits géants à nos trousses...

— Parle... parle maintenant...

— Vous veniez de vous enfoncer dans ce bois si noir et si touffu qu'il ressemble à la gueule de l'enfer... j'entends un clapottement sur l'eau... et je vois une petite barque fine et légère qui se dirigeait sur l'île comme nous avions fait un instant auparavant... Deux hommes en descendent... l'un mince, élancé, et qui ressemble bien à ce petit bonhomme que nous avons vu rôder par ici et qui semblait vous inquiéter...

— M. Arthur ?

— Je ne sais pas comment il se nomme... mais ce doit être lui... L'autre était une espèce de paysan et n'avait pas l'air aussi déterminé... car il faisait des difficultés pour sauter à terre et son compagnon, pour le décider sans doute, tira une bourse de sa poche et la lui mit dans la main... L'espèce de paysan avait un cor en bandoulière... Vous m'aviez recommandé l'immobilité la plus complète... je ne bronche pas... Ils s'enfoncent à leur tour dans le bois et prennent à peu près la même route que vous... Quelque temps après j'entendis le son du cor... puis une seconde fanfare... Je me doutai bien que c'étaient mes deux rôdeurs de nuit qui faisaient des leurs... mais je ne conservai plus de doute lorsque je les vis revenir au rivage, et que là l'espèce de paysan prit son enragé d'instrument à deux mains et en tira encore un peu de la même vilaine musique. Puis le plus jeune dit :
« Partons. Nous aurions bien du malheur si l'on

n'était pas réveillé là-haut. » Ils s'élancèrent dans la petite barque qui prit le large avec rapidité. Je continuai à ne pas broncher suivant votre recommandation.

— C'est Amélie, se dit tristement Victor ; elle me fait espionner... elle suit mes pas... elle s'acharne à contrarier mes projets. Pauvre Amélie !

Nos compagnons rentrèrent à pas de loup dans leur chambre pour ne pas réveiller leur hôte, et le lendemain ils purent demander, avec tout le monde, la cause du tapage qui s'était fait entendre pendant la nuit du côté de l'Île de Minden.

— Il me semble, disait Fritz, que cela ressemblait bien à des coups de fusil...

— Oui... répondit l'invalide avec le plus grand sang-froid... cela ressemblait beaucoup à des coups de fusil...

— C'est sans doute Blücher et ses enfants qui auront tiré...

— Oui... c'est sans doute Blücher et ses enfants qui auront tiré...

— Sur quelque braconnier...

— Ou sur quelque revenant...

— Ça se pourrait bien encore... Il y en a tant dans cette île damnée.

— Mais soyez tranquille, monsieur Fritz, ajouta gaîment l'invalide en lui tapant sur l'épaule... les revenants se portent bien.

VI

Correspondance.

La nuit suivante, Victor fut réveillé par trois coups frappés aux carreaux de sa fenêtre.

C'était Mila qui lui apportait cette lettre :

« Je connais les dangers que vous avez cou-
« rus hier. Toutes vos tentatives sont inutiles.
« Oh ! par grâce, quittez ce pays ! »

Victor répondit à son tour :

— « Jamais ! »

VII

Le Club des cotillons.

— Des nouvelles... madame Fritzlau... d'excellentes nouvelles...

— Quoi donc.... madame Metternich ? M. Frimann, notre ami, serait-il nommé conseiller privé du gouvernement ?

— Pas encore... ma chère dame... mais cela ne peut tarder... Imaginez-vous que tout-à-l'heure, en partant pour aller chez le bourguemestre, il vient de me dire qu'il devait se tenir aujourd'hui, chez le gouverneur, un conseil, dans lequel serait agitée la grande question...

— Ah ! ah !... la grande question !

— Oui... la question de savoir si l'on doit arrêter ou non les conspirateurs... Ah ! si les autorités n'étaient pas si craintives, le coup serait déjà fait... Je pourrai dire que je me serai remuée pour en arriver là... J'ai parlé au bourguemestre, j'ai parlé à M. le colonel que nous habillons, j'ai parlé au secrétaire du gouverneur...

— Ces deux hommes sont donc bien dangereux ?

— Ne m'en parlez pas... On m'a dit que l'un d'eux avait, en France, tué trois gendarmes de sa main, lors de la Révolution de Juillet, et que l'autre, dans un grand festin de cannibales, avait vidé une tasse pleine de sang de roi qu'on s'était procuré pour la circonstance...

— Quelle horreur !

— C'est à faire dresser les cheveux sur la tête... Après cela, ce que je pourrais encore vous raconter d'eux, n'est-ce pas, vous semblerait pure plaisanterie ?

— C'est égal... racontez-toujours !

— Eh bien !... à Paris j'ai vu... de mes propres yeux vu... le plus jeune des deux prendre, au spectacle, un Comte à la gorge et vouloir l'étrangler.

— Un Comte ! le malheureux !... Il est donc noble ?

— Pas plus que moi... c'est-à-dire encore moins que moi... car moi j'ai le cœur innocent et les intentions pures.

— Il faut aller en France pour voir des choses pareilles !

— Ne m'en parlez pas... Mon plus grand regret est d'être née dans ce pays de sans-culottes et de rien du tout.

— Je vous crois parfaitement.

— Vous comprenez... ma chère Fritzlau... que si on laissait de pareils scélérats aller jusques au bout, il mettraient Coblentz à feu et à sang, pilleraient les caisses publiques, tueraient les hommes, mangeraient les enfants et violeraient les femmes.

— J'en frémis...

— Ils m'ont déjà corrompu mon pauvre Metternich qui a eu le malheur de les rencontrer une seule fois. Il se permet maintenant de lever la tête et de critiquer insolemment les ordres que je lui donne.... aussi, je l'ai enfermé, et je le tiendrai sous clé pendant tout le temps de la crise.

— Et vous ferez bien... dans son intérêt... Savez-vous bien, madame Metternich, que par la vigueur avec laquelle vous avez mené cette affaire, vous aurez rendu un grand service à ce pays-ci.

— Je suis modeste de ma nature, ma bonne madame Fritzlau, et je ne prétends pas me targuer de mérites qui ne m'appartiennent pas... C'est M. Frimann qui a tout fait... Je l'ai lancé sur les traces des coquins, il m'en a rendu bon compte... Si vous saviez quelle surveillance active il a exercée à Burgau où les deux brigands s'étaient réfugiés pour machiner leurs infamies ! Il est vrai de dire qu'ils lui en ont fait voir de toutes les couleurs... Je ne sais pas comment il existe encore... Imaginez-vous qu'un jour ils l'ont pris dans une espèce de sac de corde, jeté dans un puits et presque noyé... sans de braves paysans qui sont arrivés à ses cris, c'en était fait de lui... A mesure qu'il voulait montrer la tête hors de l'eau, pan, on la lui renfonçait avec une grande perche garnie d'un clou à son extrémité.

— Oh ! je me sens prête à défaillir.

La Metternich se garda bien d'ajouter que le jour de la noyade elle était en partie fine avec M. Frimann et avait manqué de partager son sort.

— Mais aussi, continua-t-elle, le cher homme a été bien récompensé de toutes les peines qu'il a endurées ! Il en a appris... il en a appris... plus qu'il ne voulait en apprendre... Mais ce qu'il y a de plus fort et ce qui a surtout déterminé la réunion du conseil de ce matin, c'est qu'ils ont assemblé tous les paysans du pays dans une cabane... il y avait plus de trente mille hommes... Alors ils ont grimpé sur les tables... ils ont péroré... ils se sont moqué de M. le bourguemestre, de M. le gouverneur, de la police, et ils ont juré de faire un seul plat avec les cœurs de tous les souverains de l'Europe, dès qu'ils pourraient mettre la main dessus.

— Et l'on n'écartellera pas des gens comme ça !...

— Et vous ne savez pas? Voyez comme ce M. Frimann a bon nez... vous ne savez pas? je vous dis ça en confidence... Il paraît que les comédiens de l'autre jour, que M. Frimann a voulu arrêter, et à cause desquels on l'a tant et si injustement tourné en ridicule, assistaient à cette abominable orgie... Il ne se trompait donc pas lorsqu'il voulait trouver en eux des conspirateurs et des mauvais sujets.

— C'est clair.

— Ah! voilà madame Verner!... Bonjour, madame Verner... voilà madame Palmann... votre servante, madame Palmann... voilà toutes ces dames... votre servante, Mesdames... Je viens d'en dire de belles à madame Fritzlau, et elle en aura long à vous conter dès que la prudence le permettra.

— Ce soir, Mesdames, dit la Fritzlau, je vous donne rendez-vous chez moi.

— A propos, dit la Metternich, et la petite Stopfmann... où en est-elle avec son mari?

— Elle vient de le quitter avec éclat et de retourner chez sa mère, répondit la Palmann.

— C'est bien ce qui pouvait lui arriver de plus heureux, reprit la Verner.

— Et c'est à vous qu'elle devra cela, madame Metternich, s'écria la Palmann...

— C'est une justice qui vous est bien due, continua la Verner.

— Mesdames, je vous en prie, dit la Metternich, avec un petit air modeste... je vous en prie... ne me *confusionnez* pas.

En ce moment la porte de l'arrière-boutique s'entr'ouvrit et dans l'interstice M. Frimann montra sa tête pointue.

Tous les jours, à pareille heure, il avait coutume de venir faire sa petite visite au club, et sa présence était saluée par les acclamations de toutes ces vénérables personnes.

Un célibataire est toujours la coqueluche des femmes mariées depuis long-temps : elles semblent lui tenir compte de l'esprit qu'il a montré en ne se mariant pas.

Et puis M. Frimann était bavard, commère, colporteur de propos, enfin tout-à-fait digne de la compagnie dans laquelle on voulait bien l'admettre.

Il entra. Mais sa perruque était si bouleversée, sa figure portait les traces d'une préoccupation si vive, sa main fermée et violemment contractée semblait contenir tant et de si importantes nouvelles, que les clubistes en jupons n'eurent pas la force de se livrer à l'ovation ordinaire. *Vox faucibus hæsit.* Elles eurent un chat dans la gorge. (Traduction de l'un de mes camarades de collége, aujourd'hui suppléant au collége de France).

— Les affaires se compliquent, dit Frimann d'une voix sombre et mystérieuse...

— Qu'y a-t-il donc?

— L'arrestation vient d'être décidée en conseil.

— Bravo! s'écria la Metternich en prenant une prise de tabac.

— Bravo! reprirent toutes les clubistes dont la plupart ne savaient pas ce dont il s'agissait.

— Ce qui a commencé à ouvrir les yeux à M. le gouverneur, c'est que l'on vient d'apprendre qu'une émeute de garçons tailleurs...

— Je vais renvoyer tous ceux qui sont chez moi, dit la veuve.

— Qu'une émeute de garçons tailleurs et d'étudiants a éclaté à Francfort... Il y a évidemment connexité entre les deux complots...

— Parbleu!... il y a... comment dites-vous ça?

— Connexité...

— *Convexité* entre les deux complots... c'est visible à l'œil nu...

— Et cependant, malgré cette émeute et quoique vivement pressé par notre ami, M. le bourguemestre, M. le Gouverneur ne voulait pas se rendre encore... Il prétendait que les charges n'étaient pas suffisantes... que nous ferions même rire à nos dépens.

— Ah çà! M. le gouverneur a donc la cocotte sur les yeux!

— Enfin il hésitait... lorsqu'un jeune homme l'a fait demander et lui a remis des papiers qui compromettent le principal accusé et sont d'une gravité telle, que M. le Gouverneur n'a pas tardé à signer l'ordre d'arrestation.

— Brave jeune homme!

— Ah! tout en causant, j'oublie qu'au moment où j'entrais ici un valet de l'Hôtel-de-Ville m'a donné une lettre... Je l'ai là, à la main, depuis une heure, sans l'ouvrir.

— Lisez donc... lisez donc.

— Grand Dieu... que vois-je?

— Eh bien... Est-ce que vous allez vous trouver mal?

— C'est moi que l'on charge de procéder à l'arrestation des conjurés de Burgau, avec vingt hommes de la garde bourgeoise.

— C'est une noble mission, ô Frimann.

— Mais il me semble que M. le gouverneur aurait bien pu confier cette expédition à la troupe de ligne... les soldats sont payés pour se faire tuer... M. le gouverneur a l'air de ne pas vouloir se mêler de cela, et de nous laisser le complot sur les épaules.

— O Frimann, qu'est devenue votre ardeur!

— Si les conjurés allaient se défendre!

— Ils ne sont que deux... et vous serez vengé.

— C'est vrai... Vous me rappelez à moi-même, et je me dévoue.

L'assemblée enthousiasmée entoura Frimann et l'accabla de félicitations et de caresses. Chacune voulait l'embrasser à son tour, et cette cérémonie aurait pu durer fort long-temps, si la Metternich n'y avait mis un terme par une parole aigre-douce.

— Ah! Bellotte, lui dit Frimann tout bas en la quittant, vous voyez à quels dangers mon amour pour vous va m'exposer!

Il y avait bien dans ce mot tendre en apparence une sorte de reproche. Frimann voulait dire :

« Bellotte, dans quel guêpier m'avez-vous fourré! »

La Metternich lui répondit par le plus tendre et le plus encourageant de tous les regards.

VIII

Babel.

Il est cinq heures du matin.

Toute la maison Fritz repose encore.

On frappe violemment à la porte.

— Qui est là ? s'écrie Fritz en se levant à la hâte.

— Au nom du roi et de la justice, ouvrez !

— Au nom du roi et de la justice ?

Et le pauvre Fritz se dépêche...

Et l'on entend au dehors le dialogue suivant :

— Monsieur Palmann, en qualité de chef du détachement, avancez le premier.

— C'est à vous à nous précéder, monsieur

Frimann, comme porteur des ordres de M. le Gouverneur.

Pendant le débat la porte s'ouvre. Les bourgeois armés entrent avec la plus grande circonspection, et la bayonnette en avant.

Frimann, qui est parvenu à se mettre à la queue du détachement, dit d'une voix tremblante :

— Et surtout, si l'on fait la moindre résistance, point de grâce, tuez tout.

Il n'y a rien de cruel comme un poltron.

— Qu'y a-t-il pour votre service, Messieurs, dit Fritz tout tremblant ?

— Vous avez ici deux Français...

— Oui, Messieurs...

— Exhibez-les.

Fritz alla chercher Victor et l'invalide.

Pendant son absence, Frimann crut devoir encore encourager sa troupe :

— Préparez vos armes et si vous voyez la moindre démonstration hostile, précipitez-vous sur ces infâmes... ils ne sont que deux... Votre gloire sera grande et vous posséderez l'estime de M. le bourguemestre !

A l'entrée de Victor et de l'invalide, Frimann courut encore se placer à la queue du détachement. Mais il revint à la première place et chercha à reprendre toute sa dignité et tout son sang-froid, lorsqu'il vit que les deux Français n'avaient pas sur eux la moindre arme offensive ou défensive et qu'ils étaient dans la tenue pacifique d'un citoyen que l'on vient d'arracher au sommeil.

— Qu'est-ce qu'on me veut, dit Victor qui paraissait fort contrarié d'avoir été réveillé de si bonne heure.

— Oui... qu'est-ce qu'on nous veut, repartit l'invalide en lâchant un juron effroyable.

A cette explosion de mauvaise humeur, Frimann fut encore tenté de reculer d'un pas ; mais il trouva derrière lui Palmann, qui avait conçu l'ingénieuse idée de lui barrer tout à fait le passage, pour ne pas être exposé à se trouver en première ligne devant les conspirateurs. Palmann connaissait son Frimann.

— Messieurs, dit le secrétaire du bourguemestre, j'ai ordre de M. le gouverneur de Coblentz d'arrêter les deux Français qui demeurent à Burgau, dans la maison du pêcheur Fritz... Je vous arrête...

— Et le motif... dit Victor étonné.

— Vous le connaîtrez plus tard...

— Mais je ne me trompe pas... s'écria l'invalide... c'est le vilain merle que j'ai pris l'autre jour dans mes filets...

— Anarchiste... pas d'injures!

— J'ai bien envie de bousculer toute la bande, dit l'invalide à Victor.

— Camarades... en joue... s'écria Frimann tout effrayé...

— Mon vieil ami, reprit Victor, contiens-toi... ne gâtons pas notre cause par des emportements hors de saison... Il doit y avoir là-dessous une mystification ou une méprise... Tout s'éclaircira... Messieurs, nous sommes prêts à vous suivre.

Le cortège se mit en marche, et Frimann eut soin de se tenir à la plus grande distance possible de l'invalide.

Les deux Français furent conduits dans la prison de Coblentz où ils trouvèrent Polydore,

Laffemas, Amanda et encore quelques autres membres de la troupe de Maugiron.

Le gouverneur de Coblentz avait transmis, sans y attacher grande importance, mais pour rester dans la stricte exécution de ses devoirs, avait transmis, dis-je, le rapport du bourguemestre avec les pièces à l'appui à la commission diplomatique et judiciaire, placée dans le sein de la Diète et chargée par elle d'instruire contre les perturbateurs.

Cette commission délégua un de ses membres, M. le baron de Maintel, pour aller sur les lieux étudier cette effrayante ramification du grand complot de Francfort.

Il faut avouer que ce choix fut fort heureux pour Victor et ses prétendus complices.

Ils auraient pu tomber sur quelque épais Teuton, ennemi acharné de la France et des idées libérales, qui, toujours effrayé du moindre symptôme révolutionnaire, aurait vu les objets du côté du verre grossissant et aurait, sous l'influence de la haine et de la peur, fait quelque rapport bien épouvantable.

Ou bien encore sur l'un des fins politiques

de l'école austro-russe, qui dans un intérêt de parti, se serait attaché à donner à cette plaisanterie des proportions gigantesques et à faire surgir aux yeux de l'Europe le fantôme de la propagande.

M. le comte de Maintel, représentant du grand-duché de Bade à la Diète, était plutôt Français qu'Allemand. Il avait été long-temps attaché à la cour de l'empereur Napoléon en qualité de chambellan. Il passait tous ses hivers à Paris, était l'un des habitués de l'Opéra et des Italiens, se faisait remarquer dans nos salons par son esprit et son élégance, et était plus connu au bois de Boulogne, aux Tuileries et sur le boulevard de Gand que de l'autre côté du pont de Kehl. Il acceptait des fonctions publiques, — fonctions d'été et de villegiature — pour avoir l'air de faire quelque chose. Et dès qu'il avait déposé son costume d'apparat, il se hâtait de retourner dans son petit hôtel de la rue de la Victoire, qu'il avait meublé avec un goût tout artistique et où il recevait la meilleure mauvaise société de la capitale.

Pour donner une idée de la manière dont

l'instruction fut conduite, nous rapportons les interrogatoires que subirent les trois principaux accusés dans le cabinet de leur juge :

Premier interrogatoire.

— Accusé, votre nom ?
— Victor Lambert...
— Victor Lambert !... votre profession ?
— Auteur dramatique...
— Mais je ne m'étais pas trompé... C'est M. Victor Lambert, que j'ai eu quelquefois le plaisir de voir à Paris, et dont j'ai applaudi l'année dernière une fort belle comédie aux Français...
— Ah ! Monsieur le comte de Maintel !... certes, je ne m'attendais guère à vous revoir en pareille circonstance...
— Ni moi non plus, mon cher Monsieur... Et avez-vous quelque chose de nouveau sur le chantier ? Travaillez-vous beaucoup ? Vous nous devez un chef-d'œuvre pour cet hiver...
— Mais je vous en prie, Monsieur le comte, parlons un peu de l'affaire qui m'a amené ici...

— Vous voulez dire pour laquelle on vous a amené...

— C'est juste, repartit Victor en souriant...

— Dites-moi donc un peu ce que tout cela signifie?

— C'est moi qui vous le demanderai...

— Alors permettez-moi de jeter un coup-d'œil sur les pièces... On parle d'intrigues...

— Vous savez quel est le genre des intrigues dont je m'occupe...

— De conspiration?

— Conspiration de comédie probablement...

— Qu'êtes-vous venu faire sur les bords du Rhin?

— Me promener.

— C'est assez naturel... Et ce séjour prolongé à Burgau?...

— L'air du pays me plaisait...

— Il est excellent.

— Je suis de votre avis.

— Voici certains papiers assez compromettants qui ont été mis sous mes yeux... Voyez...

— Par qui ces papiers vous ont-ils été

donnés... dit Victor étonné, après y avoir jeté un coup-d'œil...

— Attendez... que je consulte mes notes... je ne suis pas bien au courant... Ah! c'est un jeune homme qui les a apportés à M. le gouverneur...

— Je connais ce jeune homme...

— Son nom?

— Il y a là un roman... vous ne voulez-pas que je vous le raconte...

— S'il n'était pas trop long... et si j'étais dans une stalle des Français... Vous racontez si bien!

— Vous êtes trop aimable... Monsieur le comte, ces papiers ont été dérobés dans mon secrétaire... à Paris... par la main d'une femme...

— Très bien... Je comprends tout et ne serai pas indiscret.. passons outre...

— Cependant examinez, je vous prie, ces papiers si compromettants..... ils portent tous une date fort éloignée... ils émanent d'une société politique dont je faisais partie et qui a cessé d'exister... Ce sont des demandes de secours pour des détenus, des circulaires pour engager les membres à assister à certaines cérémonies publiques, des appels à la concorde et à la bienfaisance... Je ne crois pas qu'il y ait rien là qui puisse inquiéter votre gouvernement... Il s'agit de faits qui remontent à une époque d'exaltation... les temps sont bien changés...

— Oui... nous sommes au calme...

— Au calme plat...

— Voilà une épigramme contre nous...

— Contre tout le monde...

— Et comme nous faisons partie de tout le monde... ah! ah! ah! Vous mériteriez bien que je ne jetasse pas ces papiers au feu...

— Ce ne sont que les archives du passé...

— D'un passé dont nous ne voulons pas...

— Alors jetez-les au feu...

— Vous avez raison... Et ce projet : « A minuit les conjurés armés jusqu'aux dents s'avanceront vers le palais. La garde gagnée ne fera aucune résistance et le roi sera à la disposition du chef de la révolte. » Vous m'avouerez que c'est fort.

— Ce document ne prouve qu'une chose, c'est que la main qui a fait un choix dans les tiroirs de mon secrétaire était fort inexpérimentée.

— Que voulez-vous dire?

— Ayez l'obligeance de lire ce document d'un bout à l'autre, et je vous sais assez d'esprit et d'habitude de ce monde dans lequel je vis toujours et où vous vivez quelquefois, pour ne pas vous méprendre un seul instant sur la portée de cet effrayant projet.

— En effet, dit le comte après avoir lu, cela m'a tout l'air d'un...

— D'un plan de mélodrame, n'est-ce pas? En effet, ce n'est pas autre chose. Il m'a été soumis par un pauvre débutant dans la carrière qui sollicitait ma collaboration... Ce document a tous ses droits possibles à être classé dans le nombre des *pièces*.

— Ah! ah! la méprise est charmante... Ce document est signalé à l'encre rouge dans la communication écrite du bourguemestre.

— Et il a dû lui causer une bien grande frayeur!

— Je vous en réponds.

— Ces bourguemestres sont tous les mêmes...

— Je raconterai l'anecdote au grand-duc... elle l'amusera beaucoup... Maintenant, je suis obligé à une dernière question... Je ne sais pas trop comment j'oserai vous demander si vous n'avez pas de relations avec Hartmann, Ling, Brossells et autres garçons tailleurs qui viennent de faire une émeute à Francfort.

— Je n'ai pas l'honnenr de connaître ces messieurs.

— Vous pouvez vous retirer... je vous donne rendez-vous à Paris dans un mois, s'il n'y a pas empêchement d'autre part; profitez des loisirs que vous fait la justice allemande pour nous préparer quelque chose... on dirait qu'elle a songé à nos plaisirs de cet hiver.

— Oui... mais elle a un peu contrarié les miens.

—Elle ne peut pas contenter tout le monde.

Autre interrogatoire.

—Présent à l'ordre. Jérôme Lantoine, exartilleur à la batterie des hommes sans peur, pour le présent attaché pour sa portion à la marmite des Invalides.

— Dans quel but avez-vous suivi M. Victor Lambert en Allemagne ?

— Dans le but de le suivre. Il m'a dit : *suis-moi*, et je l'ai suivi. Il me dirait : *je vais dans la lune*, je lui répondrais : *allons dans la lune*.

—Que faisiez-vous à Burgau ?

— Je m'y embêtais crânement.

— Savez-vous pourquoi M. Victor Lambert y résidait ?

— Parce que c'était son idée.

— Vous aviez déjà parcouru ce pays-ci ?

-- Et bien d'autres... du temps de l'homme au petit chapeau... Dans ce temps-là, on ne nous coffrait pas, c'est nous qui enfoncions les pékins... Je vous parie bouteille que si j'étais encore avec mes camarades de la batterie des hommes sans peur, c'est vous qui seriez à ma place et moi à la vôtre.

— Vous avez maltraité M. le secrétaire du bourguemestre.

—Je n'aime pas les mouchards. Quand on

ne fait pas de mal, il n'est pas agréable d'avoir toujours à ses trousses un caniche de cette espèce-là.

— Vous ne connaissez pas les tailleurs Hartmann, Brossels?

— Je n'ai jamais eu d'autre tailleur que le gouvernement et c'est encore lui qui m'habille.

Autre interrogatoire.

— Monsieur Polydore, vous m'avez charmé dans votre dernière création au théâtre de***.

— Si vous voulez, Monsieur le comte, me rendre la satisfaction que je vous ai causée, vous me ferez mettre immédiatement en liberté.

— Vous allez un peu vite...

— Pas aussi vite que je le voudrais.

— Vous avez proclamé la république sur une table du cabaret de Burgau.

— Est-ce une charade dont vous demandez le mot?

— Non, c'est une affirmation.

— De qui vient-elle?

— D'un rapport de la police.

— Votre police est bien mal faite.

— Mais enfin, qu'avez-vous fait à Burgau?

— Je ne sais pas trop si je dois entrer dans des détails indignes de la gravité de vos fonctions.

— Laissez-là ma gravité.

— Eh bien! à Burgau, j'ai mangé une matelotte, j'ai bu du vin du Rhin, avec mes camarades... si c'est là de la république, ce ne peut être que de la république à la façon des Spartiates... cependant il n'y avait pas le moindre brouet noir.

— Vous avez le mot pour rire.

— Que n'ai-je celui de la charade en question?

— Mais que signifie une représentation donnée après dîner?

— Une pure plaisanterie d'artiste, une parade.

— Vous avez tourné en ridicule certains souverains.

— Sans en nommer aucun.

— C'est imprudent.

— Eh! mon Dieu! n'est-ce pas notre état,

à nous autre comédiens, de nous moquer de tout le monde sans que cela tire à conséquence... aujourd'hui du peuple, demain des rois. Vous avez beaucoup ri à la derniére représentation de *Bertrand et Raton*, et je l'ai remarqué... vous auriez ri aussi à la comédie de Burgau.

— Tout le village était là.

— Puis-je empêcher ces braves paysans d'être curieux à l'excès ?

— Et s'ils ont entendu...

— Ils n'ont rien entendu... Ils étaient tous gris et perdus dans la fumée de tabac.

— Vous ne connaissez pas les garçons tailleurs qui ont fait des émeutes à Francfort ?

— Ces messieurs me paraissent avoir mal pris leurs mesures ; ils n'auront jamais ma pratique.

Le jour où les accusés furent confrontés ensemble, Polydore dit à M. de Maintel :

— Monsieur le comte, voilà tous les acteurs réunis. On peut lever le rideau ; mais nous demandons d'abord le nom de l'auteur pour le siffler d'importance.

M. de Maintel rit beaucoup de la saillie.

Le juge passa ensuite une heure fort agréable dans la compagnie des accusés.

Le complot de Burgau s'écroulait de toutes parts, comme tous ces édifices imaginaires qui son bâtis sur des bavardages de vieilles femmes, sur leur méchanceté, leurs dénonciations secrètes, et qui ne supportent pas un instant l'examen des hommes de sens.

D'un autre côté, Maugiron désolé se donnait beaucoup de mal et faisait des démarches sans nombre pour qu'on lui rendît ses acteurs. Il présentait comme garantie de l'avenir et du passé, ses sentimens connus, son admiration pour la politique et les roubles des cours du Nord, vingt-cinq années de sa vie passées entre le Rhin et la Néva, enfin tous les mots agréables que lui avaient dits les empereurs de Russie, d'Autriche et autres lieux.

Les captifs furent mis en liberté après un conseil tenu chez le gouverneur sous la présidence du comte de Maintel, et au sein duquel le duc de Minden se rendit à l'improviste.

La veille, Victor avait reçu dans sa prison un billet de Mila qui disait ce seul mot :

« Espérez ! »

La délivrance de Victor et de ses compagnons fut célébrée par un festin auquel Maugiron assista pour en surveiller l'esprit. Il ne laissa pas passer le moindre mot politique et proscrivit même les allusions. Polydore fut vertement réprimandé pour avoir vanté l'excellence du poulet à la *Marengo,* et Phylis, mise à l'amende, eut à regretter une innocente plaisanterie sur l'*Anguille à la Tartare.* La fin du repas fut signalée par un événement fâcheux. Maugiron se trouva mal parce que l'invalide, excité par les libations un peu trop copieuses auxquelles son voisin Laffemas l'avait excité, et dans sa joie d'être enfin rendu à la liberté, poussa son cri ordinaire de *vive l'Empereur !* L'impressario ne revint à lui que lorsqu'on lui eût démontré que les portes étaient bien fermées et que la séditieuse exclamation ne pouvait avoir été entendue au dehors. Mais il jura qu'à l'avenir il éviterait la société du vieux soldat.

Lorsque la Metternich apprit l'issue qu'avait eu le vaste complot qu'elle avait si bien fabriqué, elle entra dans une colère épouvantable et fut sur le point d'arracher les yeux à son mari. Il fallut le lui ôter des mains, et pendant toute une journée il resta couché sous le lit.

— Ah! s'écriait-elle dans sa douleur, il n'y a de bonheur que pour la canaille. Les honnêtes gens n'ont plus qu'à faire leurs paquets!

IX

Retour.

Le premier usage que fit Victor du libre arbitre qu'il avait recouvré, fut de retourner à Burgau.

— Allons... se dit l'invalide... il y a décidément par-ici quelque chose qui tracasse vigoureusement le jeune homme... Mais silence... mon vieux... cela ne te regarde pas... file ton étape, le doigt sur la bouche... quand ça sera fini, tu le verras bien.

Les deux Français furent reçus à Burgau avec beaucoup de joie. Tous ces braves gens leur prodiguèrent des marques d'une amitié franche et sincère ; ils voulurent donner une petite fête et faire venir le ménétrier. Victor eut toutes les peines du monde à les en détourner et à leur faire comprendre qu'ils pourraient se compromettre ; ils ne savaient pas ce que cela voulait dire. Les âmes franches ne savent déguiser ni leurs sympathies, ni leurs haines, et elles ne conçoivent pas qu'un danger quelconque puisse les empêcher de les manifester. Il ne faut chercher la dissimulation que chez les ambitieux et les lâches.

Quoique résidant depuis peu de temps à Burgau, Victor s'y était fait aimer par son caractère franc, loyal, généreux. L'invalide y avait aussi beaucoup de partisans, car il charmait les ennuis de la veillée par le récit de ses combats, et le verre en main, il tenait tête aux plus intrépides champions du hameau.

Victor, accompagné de son fidèle, recommença encore ses courses sur le Rhin, et il vit encore une fois, sur la tourelle du nord, la femme mystérieuse qui, depuis quelque temps, occupait tant sa vie. Elle le remarqua aussi, car elle se retira aussitôt, et Mila, restée en arrière, adressa au jeune homme un geste de reproche.

X

Le Masque de velours noir.

Victor, au moment où tout dort autour de lui, rêve encore aux moyens de pénétrer dans l'inaccessible donjon. Un nouveau plan s'organise dans sa tête... L'argent, la ruse, la force, s'il le faut, y joueront un rôle... ce plan doit réussir...

Tout-à-coup le bruit ordinaire de Mila se fait entendre. La jeune fille s'élance dans la chambre avec la légèreté d'une gazelle, fait signe qu'elle n'est pas seule, éteint la lampe qui est sur la table, comme pour envelopper encore cette scène d'un plus profond mystère et tend la main à quelqu'un qui franchit l'obstacle à son tour.

C'est ELLE !

Oh ! qui pourrait analyser les sensations auxquelles est en proie dans ce moment l'âme du jeune homme !

A la clarté des pâles rayons de la lune, il jette un regard avide sur cette femme !

Elle est enveloppée dans une large mantille et un masque de velours noir couvre sa figure.

— Monsieur, dit-elle à Victor d'une voix émue, — d'une voix dont les sons ne frappent pas pour la première fois son oreille, mais dont la pleine et majestueuse sonorité ne l'avait point encore charmé à ce point,—Monsieur, je veux avoir avec vous un entretien bien court, mais indispensable...

— Dieu m'est témoin, madame, que vous exaucez le vœu le plus ardent de mon âme...

— Mais je me confie à votre loyauté... jurez-moi donc que je suis en sûreté auprès de Victor Lambert...

— Mon nom !

— Et qu'il ne cherchera pas à violer mon secret...

— Je le jure, madame...

Sur l'ordre de la jeune femme, Mila se retira en disant encore par signes qu'elle allait faire le guet aux environs et qu'à la première apparence de danger elle ferait entendre un coup du sifflet qu'elle portait à la ceinture.

— Monsieur, dit la jeune femme, ce que je vous ai demandé dans mes lettres, je viens vous le demander moi-même et avec plus d'instance encore. J'ai espéré que ma voix aurait sur vous plus d'empire... Éloignez-vous... je vous en conjure... Pour persévérer dans une poursuite aussi insensée, il faut au moins avoir une espérance... et vous ne pouvez avoir d'espérance...

— Eh quoi!...

— Que voulez-vous donc savoir ? Laissez les douleurs à ceux qui se cachent! Ah! il est des souffrances plus grandes que l'incertitude...

— Et c'est au moment où vous me montrez tant de grâces, tant d'attraits, au moment où les voiles dont vous vous enveloppez font sentir à mon cœur des aiguillons encore plus vifs, au moment où je puis sortir peut-être de l'état déplorable dans lequel je vis depuis quelques mois, c'est dans ce moment que vous voulez que je renonce à découvrir ce mystère...

— Il faut que vous me le promettiez, Victor...

— Non... ne l'exigez pas... Qui êtes-vous ?

— Vous ne le saurez pas...

— Ah ! s'écria-t-il en lui prenant la main qu'elle chercha vainement à retirer de la sienne, vous qui prenez à moi un intérêt si vif, vous qui m'êtes apparue comme une divinité bienfaisante dans les circonstances les plus difficiles de mon existence, vous que j'ai peut-être aimée, vous que je veux aimer encore, dites le moi, qui êtes-vous...

— Vous ne le saurez pas, répondit-elle, d'une voix attendrie et en baissant la tête... J'ai acheté le droit de garder le silence... Ah ! si je dois fuir la lumière, ce n'est pas à vous à me le reprocher...

— Qui êtes-vous ?

— Vous ne le saurez jamais !

— Vous voulez donc me réduire au désespoir? Ne m'aurez-vous montré tant de bontés que pour m'interdire la reconnaissance... Pourquoi vous être ainsi attachée à mes pas !... Ah ! par pitié pour celui qui se sent entraîné vers vous par un sentiment qui a toute la tendresse de l'amour et toute l'ardeur de l'amitié... par pitié pour moi... dites-moi pourquoi vous suivez ma destinée... pourquoi votre cœur répond si bien aux battements de mon cœur !

— Parce que je t'aime, Victor, répondit-elle en laissant tomber sa tête sur son sein.

Le jeune homme enivré, la saisit dans ses bras, et pendant une heure le silence le plus profond régna dans la chambre — silence interrompu seulement par des soupirs, des baisers et des sanglots d'amour. . . . . . .

. . . .

Mais un coup de sifflet aigu résonne, la fenêtre s'ouvre avec force, se referme aussitôt — et lorsque Victor revenu de sa première surprise, cherche dans l'obscurité celle qui tout à l'heure était à ses côtés, il ne trouve plus autour de lui que le vide et la solitude.

Puis tout-à-coup cette pensée lui vient :
Si c'était Cécile !

Et cette pensée, sans qu'il puisse en comprendre le motif, déchire son âme comme un remords et empoisonne tout son bonheur !

XI

Tragédie.

Mais il se souvient maintenant!

Mila n'a dû faire retentir le signal fatal que si sa maîtresse courait quelque danger!

Et elle a fui! Elle a fui sans le prévenir, sans invoquer le secours de son bras!

Il faut qu'il la sauve, qu'il la sauve malgré elle, malgré son secret...

Ah! s'il pouvait mourir pour sa défense!

Il se précipite sur ses traces, interrogeant les ombres et le silence... mais tout-à-coup il se sent arrêté dans sa course... il porte la main à sa poitrine... le sang coule à grands flots, et il tire de la plaie le fer meurtrier... il tombe... et ces mots se font entendre à son oreille :

— Elle m'a échappé, mais toi, tu ne la reverras plus. C'est la vengeance d'Amélie !

XII

La Blessure.

Victor resta évanoui sur le sol et ne revint à lui qu'au bout de deux heures.

Il faisait petit jour.

Il se traîna jusqu'à sa chambre.

Vers midi, l'invalide inquiet de ne pas le voir paraître, voulut le réveiller, et le trouva dans un état assez déplorable.

— Grand Dieu, s'écria-t-il en le voyant pâle et couvert de sang, grand Dieu ! mon cher enfant, que vous est-il arrivé ?

— Plus bas... mon vieil ami... plus bas... un petit accident...

— Vous appelez cela un petit accident! une ouverture de cette taille-là...

— Plus bas...

— Vous aurez voulu courir encore cette nuit, et ce sont ces bandits de l'île maudite qui vous auront arrangé de cette façon là... Oh! si je le savais, j'irais mettre le feu à leur boutique...

— Non, non, tu te trompes, c'est une autre main qui m'a frappé...

— Mais qui donc?

—Plus bas, je t'en supplie, parle plus bas...il faut qu'on ne sache rien ici de cet évenement! j'y tiens essentiellement, entends-tu bien?

— C'est bon; on s'y conformera...

— Tu vas te procurer une voiture et nous partirons pour Coblentz, ou je me ferai donner les premiers soins...

— Au fait, dans ce pays de loups, nous ne trouverions pas le moindre raccommodeur de membres...

— Et surtout ne dis pas un mot à Fritz...

— Soyez tranquille... mais permettez-moi

de poser au moins le premier appareil... ça me connaît... j'aidais quelquefois le chirurgien dans les moments pressés...

— Eh bien... voyons...

— Sapristi... le gredin n'y a pas été de main morte...

— Dépêche-toi... je voudrais déjà être loin d'ici... si l'on venait à apprendre au château...

— Cela les regarde donc.

— Est-ce que j'ai dit cela ?

— Suffit, suffit, je retire mon mot... na... voilà qui est fait aussi proprement que possible...

— Ah ! que je souffre !

— Je crois bien... un coup de stylet en pleine poitrine... j'ai vu cela en Espagne... mais je ne croyais pas qu'on jouât de cet instrument là dans ce pays-ci...

— Va vîte chercher la voiture...

— J'y cours... Ah ! si je connaissais le pékin qui s'est permis de vous adresser cette apostrophe là, je lui prouverais que le bras qui me reste est encore bon... Sacré nom d'un petit bonhomme, voilà une garnison qui ne nous porte pas bonheur !

XIII

Mariage et agonie.

Paula errant sous les frais ombrages de l'île, jetait de temps en temps un coup d'œil du côté de Burgau. Puis des sanglots soulevaient sa poitrine et les larmes se faisaient jour. Chaque pensée nouvelle amenait sa douleur avec elle.

— Il est parti, disait-elle... Mila l'a vu s'éloigner... Il m'a obéi... et maintenant il s'élève dans mon âme je ne sais quel regret insensé ! pourquoi a-t-il été si docile ? Ah ! remercions-en plutôt le ciel ! Tôt ou tard je me serais trahie... et de quel front aurais-je supporté la honte... Ah ! bien que je trouve au fond de mon âme des consolations, des excuses, jamais... non... jamais je n'oserai paraître devant lui avec le nouveau stygmate qui marque mon front. Maintenant notre séparation est éternelle... Ma mission est achevée... c'est de vous seul... mon Dieu... de vous seul que j'attends maintenant le bonheur!

Mila vint avertir sa maîtresse que le duc demandait à lui parler.

Depuis quelques jours la santé du vieillard avait considérablement décliné. Ces organisations sèches et froides restent long-temps debout, puis se brisent tout-à-coup. Il n'y a chez elles ni jeunesse, ni vieillesse, ni âge mûr; il y a la vie qui s'en va, quand l'heure sonne. Elles ressemblent à ces flambeaux qui donnent toujours une lumière égale, puis s'éteignent tout-à-coup.

Paula trouva le duc occupé à ranger des papiers politiques. Il mourait comme il avait vécu; un soldat succombe sur la brèche, un diplomate ferme les yeux sur un traité de guerre et de paix. Il a toujours à cette heure suprême quelques secrets à cacher, quelques intrigues honteuses à dérober à la postérité. La honte n'est pas toujours pour lui seul, il a de hauts complices; mais il couvre tout le monde du manteau de l'oubli. La discrétion étant une des qualités qu'on a payées en lui, il y reste fidèle dans l'intérêt de ses successeurs. Tous ces grands diplomates se donnent la main; c'est une race qui semble renaître d'elle-même.

Les grands diplomates ne trahissent jamais ceux qu'ils ont servis; ils ne trahissent que les peuples. Ils meurent un doigt sur la bouche. La première statue du silence a dû être commandée au sculpteur par un grand diplomate qui faisait construire son tombeau.

L'histoire ne connaît jamais que la surface des affaires; les fils qui ont fait tout mouvoir lui échappent. La vérité est sous l'histoire; levez le rideau et vous trouverez la chronique... ou plutôt, hélas! vous ne la trouverez pas, car les grands diplomates l'emportent presque toujours avec eux.

Le duc de Minden supportait ses souffrances avec courage; il était là devant la mort aussi calme qu'il l'eût été dans un congrès, devant ses adversaires politiques. Sa pâleur seule annonçait l'anéantissement de ses forces. Sa figure avait toujours l'impassibilité du marbre. De temps en temps il jetait au feu, d'une main tremblante, un papier ou un parchemin ; on voyait à l'impatience fiévreuse avec laquelle il fouillait tous ses cartons, aux flammes que lançait son petit œil noir, du fond d'une orbite aussi colorée qu'une fournaise, qu'il craignait de n'avoir pas le temps d'en finir avec cette importante besogne.

Lorsqu'il aperçut Paula, sa physionomie prit une expression tendre qui ne lui était point habituelle; il lui sourit avec bonté, lui saisit la main, la fit asseoir à côté de lui, et lui dit d'une voix faible :

—Paula, vous avez embelli les derniers jours de mon existence, vous avez éveillé dans mon cœur un sentiment qui jusque là y était resté endormi, et qui, après les froides agitations et les calculs d'une vie toute politique, m'a semblé d'une douceur infinie. Par vous ma vie s'est complétée. Mon attachement pour vous est devenu plus grand encore lorsque j'ai vu que vous n'étiez mue ni par l'ambition, ni par la soif de l'or ; je vous ai toujours trouvée bonne et dévouée. Je n'ai jamais cherché à connaître le motif qui vous avait jetée dans les bras d'un vieillard ; j'ai respecté votre secret, je le respecte encore. Je me suis attaché à faire fructifier le trésor que le hasard avait mis entre mes mains. L'éducation perfectionna vos heureuses qualités naturelles. Je vous ai aimée, je vous aimerai jusqu'au dernier soupir comme un amant aime sa maîtresse, comme un père aime sa fille, comme un artiste aime son œuvre. Après moi vous allez être seule, obligée de vivre au milieu de ce monde pour lequel je vous ai formée et que vous ne connaissez pas ; je vous ai élevée au-dessus de la classe dans laquelle vous êtes née : je ne veux pas vous y rejeter. Voici ce que je veux faire encore pour vous. Paula... un prêtre va nous unir... vous aurez un nom... une position... une fortune... Je ne vous impose qu'une condition... Ce titre que je vous aurai donné, j'entends que vous le conserviez jusqu'à la fin de votre vie. Ce nom qui vous viendra de moi, ne doit jamais être remplacé par un autre. C'est de l'égoïsme peut-être, mais c'est de l'égoïsme qui découle de l'amitié sincère que j'ai pour vous. Que j'emporte au moins cette consolation dans la tombe...

— Oui, pensa la jeune femme, ce sera encore entre lui et moi une nouvelle barrière.

— Réfléchissez, Paula, et répondez-moi.

— Monsieur le duc, les bontés dont vous m'avez accablée, n'ont pas trouvé une âme ingrate... Tout ce que mon cœur a pu vous donner, il vous l'a donné; et si en acceptant votre dernier bienfait, je parviens à vous prouver encore ma reconnaissance, je suis prête. Dieu m'est témoin que ce n'est point cette fortune qui me tente, car elle retournera à vous par les bénédictions des malheureux sur lesquels elle se répandra comme une rosée bienfaisante... Le prêtre peut venir.

Une heure après, le duc et Paula furent mariés, et le vieillard, après avoir dit un solennel adieu à ses serviteurs assemblés, après avoir tendrement embrassé celle qui venait de s'unir à lui au bord de la tombe, congédia tout le monde; et, sentant l'approche de l'agonie, il se coucha sur un lit de repos et lut le livre de Machiavel.

XIV

Un Caprice de l'Invalide.

— L'atout était bon... voilà cinquante jours que vous êtes sur le flanc... Décidément, le brigand n'y a pas été de main morte...

— Heureusement que j'entre enfin en convalescence.

—Oui... le chirurgien civil de l'endroit prétend que vous serez bientôt sur pied et qu'il n'y paraîtra plus.

— Tu n'as pas été à Burgau?

— Pourquoi faire? j'en ai bien assez de ce damné endroit... Est-ce qu'il ne fallait pas que je restasse auprès de vous? je n'ai bougé ni jour ni nuit.

— Je le sais, mon vieil ami, et je puis dire que je dois ma guérison à ton zèle si constant et si attentif.

— Allons donc! vous ne devez votre guérison ni à moi, ni à ce méchant poseur d'emplâtres qui nous a présenté une note si salée; vous la devez à Dieu d'abord, et puis à vos trente ans... Trente ans, voyez-vous... c'est le meilleur de tous les cataplasmes. Si on pouvait mettre ce remède-là en bouteille, l'inventeur ferait fortune. Je connais bien des vieilles bêtes qui s'en repasseraient des doses toute la journée... C'est égal, maintenant que vous voilà hors d'affaire, je vais m'occuper d'autre chose.

— De quoi donc?...

— De chercher le particulier qui vous a arrangé comme ça... Et quand je saurai de quelle couleur est son visage, je lui administrerai une si bonne danse, que la police n'aura pas besoin de s'en mêler.

— Lantoine, je te défends de faire la moindre recherche...

— En voilà une idée! mais laissez-moi au moins me passer ce petit caprice-là... c'est la première chose que je vous demande.

— Tu me contrarierais en insistant davantage.

— C'est bon... Je fais le mort... mais on ne m'ôtera pas de l'idée qu'il y a encore là-dessous quelque méchant tour de ce damné secrétaire du bourguemestre.

— Tu te trompes...

— La prison et le couteau, tout cela se touche.

— Tu te trompes, te dis-je!

— Vous savez donc qui?

— Cela ne te regarde pas.

— C'est juste.

XV

L'Emissaire.

— Lantoine, que veut cette femme ?
— Je n'en sais rien.
— La connais-tu ?
— J'en serais bien fâché ! Elle m'a tout l'air d'une sorcière... Soixante ans... un bonnet de travers... des cheveux gris et une souquenille de toutes les couleurs...
— Que dit-elle ?
— Ma foi, je n'y connais goutte... elle parle son charabia d'Allemand... Mais elle tient une lettre à la main, et je crois compren-

dre à ses signes qu'elle voudrait la remettre à vous-même.

— Fais-la approcher.

Sur l'invitation de l'invalide, la vieille femme s'avança vers le lit, donna à Victor une lettre, et se retira aussitôt sans attendre la réponse.

— Voilà une citoyenne qui me paraît bien pressée, dit l'invalide.

Victor croyait que c'était une lettre de Paula, et une sorte de tremblement fiévreux agita tous ses membres; mais il jeta les yeux sur la signature.

La lettre était d'Amélie.

« Je suis folle, ma tête est perdue... Ce
« n'est plus ma pensée qui dirige mes ac-
« tions... Que vais-je devenir, mon Dieu!

« Ah! pourquoi le ciel n'a-t-il pas arrêté
« mon bras, Victor, au moment où mon poi-
« gnard cherchait votre cœur! mais j'ai été
« entraînée par une force irrésistible; et,
« quand j'ai senti le sang rejaillir sur ma
« main, je me suis enfuie en poussant un

« cri, comme si le coup m'avait atteinte moi-
« même !

« Ah ! que ma joie a été vive, lorsque j'ai
« appris que votre vie était en sûreté... De-
« puis la nuit fatale votre image me poursui-
« vait, et, en la retrouvant sans cesse devant
« mes yeux, je me sentais défaillir... Je vous
« voyais pâle, inanimé, et je frappais la terre
« de mon front, en maudissant ma cruelle
« jalousie !

« Pourquoi n'ai-je pu être auprès de vous pour
« calmer vos douleurs, pour en prendre ma
« part, pour les abréger par les soins de tous
« les instants dont je vous aurais entouré !
« Ah ! j'ai bien souffert pendant ces tristes
« journées ; dans un pareil moment, j'ai com-
« pris que, pour un coupable repentant, il
« y avait quelque chose de plus triste encore
« que de voir le mal qu'il a fait.

« Mais que dis-je ?...

« Vous voyez bien que je suis insensée !

« Moi !... me repentir... non ! non ! Je voudrais
« tenir encore le fer dans cette plaie et vous dé-
« chirer le sein... Pourquoi ma vengeance n'a-

« t-elle pas été complète, pourquoi n'ai-je pu
« lui donner, à *elle*, le spectacle de son amant
« mort en sortant de ses bras! car vous sortiez
« de ses bras au moment où je vous ai frappé...
« car pendant une heure entière, je venais de
« supporter la torture la plus cruelle! Ah!
« mieux vaut la mort qu'un tel supplice et la
« mort ne vous eût pas assez puni!

« Cette femme, que je n'ai pu voir encore,
« je la verrai; je vais m'attacher à ses pas
« et je lui rendrai avec usure tous les maux
« qu'elle m'a fait subir!

« Le passé vient m'éclairer de ses infernales
« lueurs! cette femme est sans doute celle que
« vous avez vue autrefois à mes côtés, qui ca-
« chait sous des dehors trompeurs une âme
« vicieuse et hypocrite et pour laquelle vous
« êtes venu lâchement implorer ma protection
« et ma pitié! et à l'époque même où vous
« m'offriez dans vos bras un asile éternel con-
« tre l'atteinte des mauvaises passions, à l'é-
« poque où vous juriez à mes pieds un amour
« qui ne devait pas finir, alors l'image de
« cette femme occupait votre âme tout en-

« tière! Vous mentiez!... et dès qu'elle n'a
« plus été là pour recevoir vos caresses secrè-
« tes, dès qu'elle s'est dérobée à vos embras-
« sements et à votre amour, vous avez fui loin
« de moi pour la suivre!

« Malheur à elle!

« Vous savez maintenant qu'elle a engagé la
« lutte avec une ennemie qui ne pardonne pas!

« Amélie »

Victor tomba dans un affreux abattement!

Ainsi, tous les soupçons arrivaient au même but.

Cette femme que le délire des sens avait livrée à ses embrassements dans une nuit véritablement fatale — cette femme était Cécile!

A cette pensée, le jeune homme se sentait pris de répulsion pour lui-même. Les sentiments que lui avait fait éprouver Cécile étaient si éloignés de tels désirs, qu'il rougissait et avait honte de lui-même, comme s'il eût commis une mauvaise action — ou plutôt comme s'il eût souillé sa vie par le plus bas des crimes.

XVI

La Nouvelle.

— Où allez-vous?
— A Burgau.
— Hein?
— A Burgau.
— Comment! vous n'êtes donc pas encore fatigué de ce pays-là? Il paraît que le premier atout ne vous a pas satisfait et que vous avez envie d'en recevoir un autre... J'étais bien enragé sous le petit Caporal, mais je n'aurais pas été de gaîté de cœur me remettre à la place où j'avais déjà attrappé quelque prune de calibre... Partons pour Burgau,

En approchant du village, Victor remarqua un grand mouvement dans le pays. Presque tous les paysans étaient en habits de fête, et des barques nombreuses, parties des différents points de la rive, sillonnaient le fleuve et allaient toucher à l'île de Minden.

Victor demanda à Fritz la cause de tout ce remue-ménage.

— Comment! lui dit le pêcheur, vous ne savez pas ce qui est arrivé pendant votre absence!

— Nous ne savons rien.

— Le duc de Minden est mort.

— Mort!... le duc de Minden...

— Lui-même... tout grand seigneur qu'il était... ça console les petits... Il y a près d'un mois qu'il a rendu son âme à Dieu... ou au Diable... Le service a été célébré dans l'église de Burgau. Ah! à propos, M. le curé attend toujours le tableau que vous devez lui faire... Il voudrait un saint Sébastien.

— On lui fera le saint qu'il voudra... ça n'en coûte pas davantage, dit l'invalide.

— Le service était magnifique... Il a dû en

coûter une bonne poignée de florins aux exécuteurs testamentaires... Des valets en grande livrée, des flambeaux, des chevaux couverts de noir de la tête aux pieds !

— Enfin un enterrement de première classe, ajouta l'invalide...

— Blücher et ses quatre fils pleuraient comme des Madeleines... dam ! c'est qu'ils perdent là un maître qui ne s'arrangeait que trop bien de leur mauvaise figure et de leurs façons de sacripans...

— Pêcheur, vous avez dit le mot... ce sont de vrais sacripans.

La nouvelle de la mort du duc avait jeté Victor dans une émotion difficile à décrire. Il avait été obligé de s'asseoir ; et, quand il eût un peu repris son sang-froid :

— Mais, Fritz, dit-il, vous ne nous avez pas appris pourquoi tout le village est en habits de gala? Pourquoi toutes ces barques couvrent le fleuve et se dirigent vers Minden ?

— J'allais vous parler de ça... Imaginez-vous que M. l'intendant a fait annoncer que désormais l'entrée de l'île serait permise à tous les promeneurs des environs, et que, pendant huit jours, on pourrait visiter le château.

— Sans doute pour détruire les bruits absurdes qui se sont accrédités.

— Cela n'empêche pas que l'on croira toujours ce que l'on voudra croire.

— Pardieu! dit l'invalide, on ne peut pas vous empêcher d'être des crétins... les opinions sont libres...

— C'est hier que l'annonce de M. l'intendant a été criée dans tous les villages des environs, et aujourd'hui tout le monde va à l'île... par curiosité... elle a été si long-temps fermée! Oh! comme Blücher doit faire la grimace! Les plus braves visiteront aussi le château... parce que c'est en plein jour.

— Et vous appelez cela les plus braves, pêcheur, dit l'invalide.

— Certainement... Allez donc faire preuve de courage contre des fantômes! et moi-même qui vais aller à Minden avec ma femme et mes enfants, et qui n'ai jamais passé pour un poltron, je ne mettrais pas le pied dans le château, voyez-vous bien, si nous n'étions pas en plein midi.

— Nom d'un petit bonhomme! quand j'entends des choses comme ça, toute ma vieille machine en est détraquée.

— Ah! vous allez au château, père Fritz, dit Victor?

— Oui, monsieur Victor... Mais attendez donc... ce n'est pas encore tout.

— Farceur de pêcheur, dit l'invalide... est-il long à vider son bissac!

— Vous vous souvenez bien de ce beau fantôme voilé... qui se montrait si souvent sur la tourelle du Nord?

— Oui... eh bien? s'écria vivement le jeune homme.

— Eh bien... il paraît que le duc l'a épousé à son lit de mort... Ce sont les domestiques qui nous l'ont dit... Ce fantôme est à présent duchesse de Minden.

— Vous voyez bien, pêcheur, dit l'invalide, qu'il y a des fantômes qui sont bons à quelque chose.

— Il l'a épousée!

— Bel et bien épousée.

— Et cette dame est-elle encore au château? demanda Victor d'une voix tremblante.

— Ma foi, je ne pourrais pas vous dire... Mais ce qu'il y a de sûr, c'est que M. le comte de Botzel est à Minden... Je ne sais pas trop comment il s'arrangera avec sa tante.

— Fritz, je vais avec vous au château.

— Oh! ne vous gênez pas... Il y a encore de la place dans ma barque.

La famille Fritz et les deux Français se mirent en route pour Minden. En quelques coups de rames ils furent en vue de l'île. Plus Victor en approchait, plus il sentait son émotion grandir.

A la porte du château, il demanda M. le comte de Botzel, se fit annoncer et fut introduit auprès de lui.

— Ah! mon cher monsieur, lui dit le comte en l'apercevant, je suis prêt à certifier que pour la constance vous laissez bien derrière vous les Renaud et les Amadis... On m'a raconté toutes vos aventures... C'est d'un chevaleesque parfait! Mais commenceriez-vous à trouver l'entreprise un peu rude... Comment n'êtes-vous pas sur ses traces ?

— Que voulez-vous dire ?

— Elle n'est plus ici.

— Elle n'est plus ici !

— Elle est partie il y a quinze jours, sans suite, sans escorte, sans prévenir personne de son départ, et nous ne savons pas de quel côté elle s'est dirigée.

— Grand Dieu !

— Si la suite de sa vie est destinée à être aussi mystérieuse que ce qui s'en est écoulé sous nos yeux, elle pourra à son tour prendre le pas sur toutes les héroïnes de la table ronde... Eh bien, mon cher monsieur, mes pressentiments m'ont-ils trompé ? Avais-je tort de craindre que malgré son âge mon oncle ne fît quelque folie ? Il lui a donné son nom.

— Je le sais.

— Et qui pis est toute sa fortune... Mais je n'ai pas à me plaindre de ma chère tante... En arrivant ici j'ai trouvé entre les mains de l'intendant une donation signée d'elle d'après laquelle

elle me laisse ce château et la moitié de tous les biens du duc.

— Voilà une belle action, monsieur le Comte.

— D'autant plus belle que j'étais ruiné et que les usuriers commençaient déjà à me fermer leur bourse... Tenez... mon cher monsieur, je vais vous faire goûter un instant de bonheur... Je connais les amants... j'ai passé par là... et je sais combien tous ces détails-là font battre le cœur. Depuis le départ de la belle fugitive, on n'a pas encore ouvert ses appartements... nous allons, si vous voulez, y pénétrer ensemble... venez... c'est dans la tourelle qui est située au nord...

— Je le sais encore...

— Vous savez tout... on n'apprend jamais rien aux amoureux.

Victor suivit le comte dans les appartements de la Duchesse. Le plus grand désordre y régnait encore ; il jeta un regard de tous côtés pour voir si quelque indice révélateur ne se montrerait pas à ses yeux. Il n'aperçut rien, si ce n'est un masque de velours noir qui avait été laissé — oublié peut-être — sur une toilette.

Il le saisit et le plaça sur son cœur.

Le mouvement fut aperçu du comte.

— Ah ! très-beau ! très-beau ! s'écria-t-il ; l'amant s'empare avec avidité du moindre objet qui a appartenu à l'objet aimé ! c'est dans le code du pays de Tendre. Je vous ai comparé tout à l'heure à Renaud et à Amadis, mais vous valez cent fois mieux qu'eux. Je commence à croire, mon cher monsieur, que vous avez les plus grandes chances pour devenir mon oncle, et je me recommande d'avance à toutes vos bontés.

Ce ton de badinage fatiguait beaucoup Victor ; il prit congé du comte et rejoignit Fritz et l'invalide. En passant devant Blücher et ses fils qui étaient assis sur un banc de pierre, à la porte du manoir, il fut frappé de l'air de tristesse sombre et menaçante avec lequel ils contemplaient leur forêt chérie en proie aux injures de tant de mains étrangères.

— Ils sont plus agréables à voir comme ça, dit l'invalide, que dans l'exercice de leurs fonctions.

En quittant Burgau, Victor laissa à Fritz et à sa famille des marques de sa générosité qu'il eut toutes les peines du monde à leur faire accepter. Ces braves gens le conduisirent jusqu'aux portes de Coblentz et se séparèrent de lui les larmes aux yeux.

— J'ai long-temps nargué les Allemands, généralement parlant, dit l'invalide après les avoir perdus de vue, mais je puis dire que voilà de bons et honnêtes particuliers. Je leur rends mon estime.

XVII

La Malle.

— Vas faire charger nos bagages sur la chaise de poste...

— Où allons-nous donc encore... à Burgau ?

— Non, à Paris.

— Vive l'Empereur ! Je vais revoir la grande marmite.

— Et moi, dit tout bas et tristement Victor, je vais vivre seul et désolé là où j'ai vécu si heureux...

— Monsieur Victor, j'ai un petit service à vous demander... Jusqu'ici j'ai fait tout ce que vous avez voulu et je vous ai suivi comme le tapin suit le tambour-maître... je vous prie de retarder votre départ d'une heure seulement.

— Pourquoi faire...

— J'ai besoin d'une petite heure pour certain projet que vous connaîtrez bientôt...

—Allons j'y consens... je ne suis plus pressé maintenant...

— J'ai encore un autre service à vous demander... c'est de vouloir bien écrire une lettre sous ma dictée.

— Je suis à tes ordres.

— Voilà...

« Le chevalier Lantonio, premier Chambel-
« lan de sa majesté le Roi de Sardaigne, prie
« monsieur Metternich, tailleur, de vouloir bien
« passer à l'hôtel du *Chevalier d'Argent* pour
« lui prendre mesure d'un habit de gala. »

— Qu'est-ce que c'est que cette plaisanterie?

—Vous allez le savoir... permettez-moi seulement d'envoyer ce billet doux dans la Kœnig-Strass.

Après avoir remis la lettre à un domestique

de l'hôtel, l'invalide revint vers Victor et lui dit avec beaucoup de solennité :

— Je veux vous associer à une bonne action. Je connais un malheureux qui est plus à plaindre que Saint-Laurent sur son gril, qu'un rossignol en cage, qu'une vieille fille de trente-cinq ans qui ne trouve plus de maris, que le voleur qu'on mène pendre, que l'homme qui se noie et auquel on ne tend pas la perche... Aidez-moi à délivrer ce pauvre diable et Dieu ne peut manquer de vous en récompenser.

Au bout de quelques minutes, Metternich arriva en frétillant, avec des échantillons sous le bras et ses mesures à la main.

— Che suis, dit-il en entrant, che suis l'himble serviteur de monsir le chivalier.

— Regardez-moi donc, imbécile, lui dit l'invalide... vous verrez que je ne suis pas plus chevalier que vous.

— L'infalide !

— L'infalide en personne...

— Ah! si mon femme me foyait afec fous.

— Elle vous battrait, n'est-ce pas ?

— Et puis elle m'enfermerait encore dans mon chambre...

— Triple jobard ! Enfin, il y en a comme ça... Metternich, si je vous donnais le moyen d'échapper à votre femme...

— Jésus mein gott !

— De quitter Coblentz sans être arrêté !

— Jésus mein gott !

— D'aller à Paris où vous retrouverez peut-être Katenhoffer...

— Jésus mein gott... est-ce pien bossible?

— Accepteriez-vous ?

— Si chaccepterais !... ah ! l'infalide... plutôt cent fois qu'ine... Pellotte me fait tourner en pourrique... Je mourrai à la beine...

— Vous l'entendez, dit l'invalide à Victor ?

— Foyons... foyons le moyen...

— Vous êtes bien décidé ?

— Très técidé...

— Eh bien ! entrez dans cette malle.

— Tans cette malle !

— Oui... je l'ai préparée pour vous servir de cage... elle a une ouverture de côté par laquelle vous respirerez... vous ferez partie de nos bagages... comme ça vous n'avez pas besoin de passeport... je vous prêterai de temps en temps une bouteille de vin et un morceau de jambon... Une fois que nous serons hors du territoire Prussien, vous mettrez le nez à l'air.

— Pour aller loin de Pellotte, s'écria Metternich avec une sainte horreur, ch'entrerais dans un dé à coudre!

Metternich et la malle, l'une contenant l'autre, furent chargés sur la chaise de poste qui roula vers la France. En passant dans la Kœnig-Strass, l'invalide fit un petit salut gracieux à Bellotte qui était à son comptoir et qui faillit s'évanouir en reconnaissant son premier mari.

Metternich fut rendu à la liberté à la frontière de Bade; il était pâle, fourbu, éreinté, rendu : ce qui ne l'empêcha pas de tomber à genoux et de remercier le ciel de sa délivrance, comme le captif de Maroc qui vient de voir tomber ses fers après un long esclavage.

XVIII

Paris.

En revenant à Paris, Victor trouva le vide. Il devint la proie de cet ennui mortel qui puise sa force dans les souvenirs et qui résulte de l'absence des anciennes affections.

Il ressemblait à ces gens qui ont vu tomber autour d'eux tous ceux qu'ils aimaient et qui, parvenus à l'âge où l'on ne forme plus de liaison, ne rencontrent que des visages nouveaux et marchent dans la vie comme des inconnus et des étrangers, ne prenant plus de part au mouvement des passions, à l'agitation des esprits, et ne paraissant plus rien comprendre au bruit qui se fait autour d'eux—véritables statues au milieu de la foule humaine.

Les égoïstes et les matériels ne connaissent pas cette souffrance là ; n'ayant jamais existé que pour eux, ils trouvent toujours assez de distractions et de plaisirs pour satisfaire leurs appétits. Leurs attachements ne sont qu'accidentels ; comme ils ne les recherchent que pour leur propre satisfaction, ils peuvent les voir se briser sans en être autrement émus. Après un ami qui s'en va, ils trouveront toujours un autre ami, c'est-à-dire une autre victime.

Les âmes sensibles ne peuvent se consoler aussi facilement des pertes du passé et se contenter avec autant d'intrépidité des dédommagements du présent. Elles évoquent souvent et comme malgré elles, les années qui se sont écoulées, avec leur cortége d'amitiés trahies, d'espérances évanouies, de plaisirs purs et sans mélange et qu'elles ne goûteront plus. Elles sont alors saisies d'une douleur poignante et qui les force à se replier sur elles-mêmes. Elles s'isolent, elles s'attachent à leurs regrets, elles vivent avec des ombres chéries, elle s'étiolent et s'éteignent dans cette contemplation de ce qui n'est plus.

C'est surtout vers les temps de la jeunesse que les sensibles reportent leurs souvenirs avec le plus de complaisance et le plus d'amertume. Ils trouvent alors des tableaux si frais et que le soleil éclaire si bien ! des amis sincères, des maîtresses belles et désintéressées, la joie, le bonheur, la confiance, le courage pour triompher de tous les obstacles, la gaîté pour les faire oublier : puis tout-à-coup le tableau change de face...

Les amis fidèles sont morts et n'ont pas eu le temps de faire douter de leur fidélité... Les autres ont trahi. Les belles maîtresses ont disparu comme de légères visions... au désintéressement ont succédé le calcul et les contrats... à la gaîté, les préoccupations et les soucis... à la confiance, la crainte et les soupçons.

Alors on tombe dans une sorte de rêverie morne, sombre et désespérée, et l'on porte envie à ceux qui passent à côté de vous le sourire sur les lèvres, le jarret tendu, le menton

gras, — à ceux qui ont trouvé dans leur séche-
resse et dans leur indifférence un remède
contre cette triste maladie du cœur.

La jeunesse de Victor, — jeunesse laborieuse
et difficile — avait été remplie par deux grandes passions, les passions les plus vivaces, les
passions de la jeunesse, les passions qui demandent de la verve, de la naïveté, de l'abandon. Il avait perdu celles qui les lui avaient
inspirées — et il les avait perdues de la manière
la plus douloureuse et la plus affreuse, — par
la trahison.

Après avoir nourri l'espoir de se rattacher
encore à l'une de ses illusions, il était obligé de
revenir sans espoir aux lieux mêmes où les deux
étoiles qui lui avaient si long-temps servi de
boussoles avaient pour la première fois brillé
à ses yeux. Et là tout lui rappelait à chaque
instant les heures belles et fortunées qui émail-
laient autrefois son existence; à chaque instant ses souvenirs se dressaient devant lui,—et
après s'y être heurté, il retombait tout éploré
dans le néant.

Victor n'était point homme à chercher à se

tromper lui-même et à remplacer hypocritement par de nouveaux liens, des liens irrévocablement rompus. Il n'en aurait pas eu la force. Il comprenait trop bien que de pareilles sensations, si vives et si jeunes, ne se retrouvent pas, et que l'homme qui a eu le bonheur de les éprouver et le malheur de les perdre, a toujours au cœur une épine sanglante.

C'est en vain que Victor cherchait dans ses anciens travaux des distractions et l'oubli. Des pensées étrangères venaient arrêter sa plume et le succès même ne satisfaisait plus entièrement son âme! Il n'avait plus à qui le reporter.

Souvent il allait parcourir à pas lents le quartier sombre et tranquille dans lequel s'étaient passées ses premières années, ses années d'études et d'insouciance; c'était là son unique moment de repos. Il trouvait à cela une sorte de plaisir mêlé d'amertume et qui n'était pas sans charme. On aurait dit qu'en se rejetant brusquement vers les journées de son enfance, il voulait effacer tout à coup de sa mémoire celles qui leur avaient succédé, et faire qu'elles n'eussent pas été.

L'homme est ingénieux à bercer ses douleurs ; mais la réalité vient à tout moment le secouer rudement et le rappeler à lui-même.

Un jour Victor entra dans l'ancienne pension de M. Dufour. Il reconnut avec une émotion bien vive la classe où se donnaient les leçons, la cour où s'ébattait l'enfance, la loge de ce pauvre vieux Metternich. Mais au lieu de frais visages d'écoliers, il ne vit autour de lui que des figures vieilles et ridées. Plus de jeux, plus de cris, plus de joie... un silence de mort et le bruit des béquilles sur le carreau. L'institution de M. Dufour était devenue une *Pension bourgeoise des deux sexes.*

— Ainsi va la vie... s'écria tristement Victor ! Les années amènent la décrépitude et l'affaissement moral, là où quelque temps auparavant la vie déployait toute sa richesse ! Accélérez un peu la marche des temps et la pension Dufour est l'image du monde. Et au fait ! que sont les années ? des points dans l'immensité !

Les souvenirs lui venaient en foule.

En sortant, il reconnut au coin de la petite rue prochaine l'endroit où s'était placée un soir Thérèse pour regarder sa fenêtre, et d'où elle s'était enfuie tout à coup en faisant retentir ses sanglots au milieu du silence de la nuit.

Une sorte d'attendrissement intime commença à soulever son âme. Il était sur une trace dont il voulait s'écarter, mais à laquelle son esprit revenait toujours, comme un bon et fidèle limier.

Il fut entraîné jusqu'à la rue Saint-Hyacinthe, et s'arrêta devant la maison qu'il avait autrefois habitée. Sa poitrine était oppressée et son regard mal assuré.

Il voulait fuir, mais ses souvenirs étaient plus forts que sa volonté.

Il franchit le seuil de la maison.

Madame Grinchard jeta un grand cri en le voyant :

— Comment... c'est vous... monsieur Victor ! vous que nous n'avons pas vu depuis si longtemps...

— C'est... c'est... c'est... vous! reprit le père Grinchard.

— Oui... mes amis... c'est moi.

— Il paraît que vous avez fait votre chemin... je vois bien souvent votre nom sur le journal... Est-ce que vous viendriez prendre un logement dans notre maison ? Celui du premier est justement à louer... sept pièces dont cinq à feu... cave... grenier...

— Non... Madame Grinchard... je n'habiterai jamais cette maison...

— Quel malheur...

— Quel... quel... quel... quel malheur!

— Mais, Madame Grinchard, dit Victor en lui glissant de l'argent dans la main, je voudrais revoir la petite chambre que j'ai eue autrefois...

— A votre aise, Monsieur Victor... Elle est libre dans ce moment!... Oh! depuis que vous l'avez quittée elle n'a vraiment pas de bonheur... on dirait que vous l'avez ensorcelée.

Victor suivit Madame Grinchard dans un religieux silence. A mesure qu'il s'approchait de la mansarde, son cœur battait dans sa poitrine à coups plus précipités. Il semblait vouloir s'en échapper.

Quand il se trouva dans la chambrette, le passé s'éleva tout-à-coup devant lui comme une apparition fantastique. Il revit tout, Thérèse, les nuits d'amour, les journées de travail et de bonheur, la joie, les sourires, la jeunesse!...

— Madame Grinchard, dit-il aussitôt d'une voix tremblante, laissez-moi seul un instant, je vous prie.

Dès qu'il fut seul, il ne put résister plus long-temps à son émotion... Il appuya sa tête contre le mur et se mit à fondre en larmes!

. . . .

Le même jour il se dirigea vingt fois du côté du faubourg Poissonnière, pour aller y chercher les mêmes émotions et les mêmes souvenirs; vingt fois il s'arrêta en chemin, comme glacé d'épouvante.

XIX

Le père Millet.

— Ah! Monsieur Victor...
— Eh bien! qu'as-tu donc... mon vieux camarade?
— Vous ne savez pas...
— Mais qu'as-tu donc? tu trembles comme un enfant...
— Il y a bien de quoi... je n'ai pas été secoué de cette force là depuis la bataille de Waterloo...
— Remets-toi...
— Voilà que tout revient à son poste... ça va mieux! ça va mieux! Ah! si vous saviez...

— Parle...

— Je viens de rencontrer sur le boulevard du Temple le père Millet...

— Qu'est-ce que c'est que le père Millet?...

— Comment vous ne vous souvenez-pas? au fait il y a si long-temps ! — Et vous avez tant de choses dans la tête...

— Explique-toi donc...

— Le père Millet, c'est ce vieux troupier aveugle que nous avons vu à Petit-Brie... le jour où nous y avons été avec...

— Avec Madame Blouot et Mademoiselle...

— Mademoiselle Cécile... justement... Je vois que vous vous souvenez du père Millet...

— Oui... oui... je m'en souviens parfaitement à présent... mais après...

— Quand je me suis trouvé à Petit-Brie face à face avec le père Millet, je me suis dit plusieurs fois à moi-même : « Il me semble que j'ai vu cette boule-là quelque part... »

— Comment tu le connaissais ?

— Vous allez comprendre... Je le connaissais sans le connaître, vu que ma mémoire ne me rappelait pas parfaitement l'histoire de sa figure... Vous sentez la chose... Il y a des gens qu'on a vus... on ne sait pas où on les a vus... cependant on se demande où on les a vus...

— Finiras-tu!

— Vous allez comprendre... Depuis longtemps cette satanée figure me trottait toujours par la tête... Quand j'avais un peu de temps devant moi, je cherchais dans quel coin de l'Europe j'avais pu la rencontrer... tenez... tout à l'heure encore... sur le boulevard... je pensais à ça, lorsque tout-à-coup je me trouve nez à nez avec le père Millet... c'est-à-dire nez à nez... Je ne sais pas trop si dans ma position je puis me permettre cette expression là... enfin n'importe...

— Tu me mets au supplice!

— Vous allez comprendre... le père Millet était conduit en laisse par sa femme qui remplace les deux yeux qui lui manquent... Quand je l'aperçus, je me chuchottai en moi-même « profitons de l'occasion pour débrouiller la chose. » Je m'approche du vieux troupier : « bonjour, camarade, que je lui dis. — A qui ai-je celui de parler, qu'il me répond. — A un invalide. — Entre invalides on se doit la main, — et il me la tend. — Et moi j'ajoute : Et de plus j'ai eu le plaisir de casser une croûte chez vous avec une dame et sa demoiselle. — Ah! bien, il y avait un jeune homme. — C'est justement ça. — Ne vous impatientez pas, Monsieur Victor, ne vous impatientez pas, nous arrivons. — Je lui dis : qu'est-ce que vous êtes venu faire à Paris, mon camarade? — Toucher l'argent de ma croix. — Très bien. Mais ce n'est pas tout. Vous allez venir boire une bouteille de cachet rouge avec moi. — C'était adroit, n'est-ce pas, monsieur Victor? Ne vous impatientez pas. — Il accepte. Nous vidons bouteille. Et là je le fais causer, je le retourne de tous côtés, je lui demande dans quel arme il a servi, quels pays il a conquis, à quelle époque il était au pain de munition,—et de çà, et de là,—si bien que je trouve le moment favorable pour pousser ma pointe et que je lui crie dans un beau moment : Dites donc, camarade, est-ce que vous ne seriez pas un tel? — Oui, qu'il me répond, je suis un tel. — Là-dessus reconnaissance, embrassades, et nouvelle bouteille...

— Ah ça, Lantoine, est-ce que tu prétendrais te moquer de moi?

— Mais non... vous allez comprendre... Un peu de patience, donc.

— C'est que tu as une manière de raconter les choses...

— Je les raconte comme elles me viennent.

— Elles te viennent bien mal... c'est ce que je voulais dire.

— Monsieur Victor, je vous ai bien souvent développé l'histoire des derniers moments de mon brave Lambert, de votre père...

— Oui... s'écria Victor tout ému...

— Vous n'ignorez pas plus que moi qu'à Varsovie, au moment où il était couché sur son dernier lit de camp, et où il s'apprêtait à aller rendre ses comptes au général en chef des anges, un soldat est arrivé et lui a remis entre les bras un petit mioche qui était le sien, et qu'il a couvert de baisers. Ce mioche, c'était vous, Victor...

— Et ce soldat?

— Eh bien... ce soldat, ce dragon... c'était le père Millet...

— Grand Dieu !

— Et la femme qui vous avait confié à lui... que les douleurs d'un nouvel accouchement avaient arrêtée à Dresde, Louise Duru, enfin... votre mère...

— C'était madame Blouot...

— Justement... du nom de son second mari.

— Ma mère !

— De sorte que mademoiselle Cécile est...

— N'achève pas...

Victor tomba frappé comme d'un coup de foudre, et l'invalide fut obligé de le porter sur son lit et d'envoyer chercher un médecin.

XX

Sœur.

— A Petit-Brie... à Petit-Brie...

— Oui... voilà le mot qu'il répète sans cesse depuis deux jours... Je n'aurais jamais cru que ça dût lui faire cet effet-là.

— A Petit-Brie...

— Mais ne vous levez donc pas... vous êtes encore trop faible... Il n'y a pas de bon sens.

— A Petit-Brie... te dis-je.

— Mais...

— Je le veux.

Il y avait tant de résolution dans le regard

et dans les gestes de Victor, que l'invalide n'osa pas insister davantage.

En arrivant à Vincennes, Victor s'obstina à descendre de voiture et à faire la route à pied en traversant le bois, pour calmer sans doute la fièvre ardente dont il était consumé.

Il prit le même chemin qu'il avait pris autrefois avec madame Blouot et sa fille... Il s'arrêtait à chaque détour d'allée, à chaque pas, à chaque arbre, comme s'il eût craint d'aller plus loin, et il passait sa main sur ses cheveux trempés de sueur.

Puis tout à coup il prit son élan et fit le reste de la route en marchant très vite.

L'invalide avait peine à le suivre; mais il ne voulait pas le quitter dans un pareil moment, et il faisait un appel désespéré à toute l'activité de ses vieilles jambes.

A Petit-Brie, Victor s'élança dans la chambre du père Millet en criant :

— Ma mère, où est ma mère?

— Que voulez-vous, monsieur, répondit le père Millet tout effrayé.

— Ne faites pas attention... père Millet... dit l'invalide qui arrivait clopin clopant, voilà l'enfant... vous savez... je vous ai raconté la chose l'autre jour... mais sans vous dire qu'il existait encore... Eh bien... le voilà... il existe.

— Est-il possible ?

— Ma mère... Où est ma mère ?

— Où est madame Blouot... père Millet ? dites-lui ça pour le calmer un peu... et quand même il faudrait faire encore trois cents lieues...

— Mais elle est ici.

— Ici...

— Oui... depuis ce matin seulement... Elle est de retour d'un grand voyage...

— Un grand voyage ! C'est cela... dit amèrement Victor.

— Quelle chance, s'écria l'invalide !

— Et ma... et Cécile, ajouta Victor avec anxiété.

— Mademoiselle Cécile est avec sa mère...

— Avec elle !

Et Victor se laissa aller sur une chaise, sans mouvement et sans force.

— Dites-moi où elles sont, dit tout bas

l'invalide à Millet... je vais les préparer à ce coup-là en leur épiloguant l'aventure...

Au bout de quelques minutes, l'invalide revint avec Cécile et sa mère.

Madame Blouot se précipita vers Victor, et le serra dans ses bras en l'appelant *mon fils, mon cher fils*, et en l'arrosant de ses larmes.

Victor, revenu à lui, lui rendit caresses pour caresses... Quand Cécile s'approcha de lui à son tour pour témoigner à ce frère si miraculeusement retrouvé la joie qu'elle avait de le revoir, il recula avec une sorte d'effroi.

Mais il y avait dans la physionomie de la jeune fille tant de candeur, dans son mouvement tant d'innocence, et une douleur si vraie et si touchante se peignit sur ses traits, qu'il se repentit un instant de l'avoir repoussée.

Il se hâta de reporter ses regards sur sa mère, et lui dit avec une poignante anxiété :

— Et vous revenez d'un long voyage, ma mère...

— Oui... répondit madame Blouot tout étonnée... Cécile, fatiguée du théâtre et abreuvée d'outrages, était décidée à prendre un grand parti, à se retirer de la scène, à retourner avec moi au travail obscur qui si long-temps nous a fait vivre... lorsque j'appris tout à coup qu'un parent dont je n'avais jamais entendu parler venait de mourir à Saumur, et nous laissait une petite succession... Ce fut alors que nous disparûmes, sans donner de nos nouvelles à personne, pas même à nos meilleurs amis, et bien résolues à rompre avec ce monde où notre malheur nous avait entraînées, à oublier entièrement les deux années que nous venions d'y passer, et à vivre dans le calme et le silence, comme si nous n'en étions jamais sorties... Nous partîmes pour la Touraine... Les affaires de la succession nous y retinrent assez long-temps, et ce n'est que depuis ce matin que nous sommes arrivées à Petit-Brie, où nous devons demeurer...

— Et depuis le jour où vous avez disparu de Paris, ma mère, vous n'avez pas quitté la Touraine?

— Je ne l'ai point quittée...

— Et Cécile était avec vous?

— Toujours à mes côtés...

— Et elle n'a point été en Allemagne?

— En Allemagne... je ne vous comprends pas, Victor... Que signifient ces questions?

— Vous avez raison... je suis fou... je suis fou... Oh! ma mère... ma sœur... venez donc dans mes bras!

Il les attira sur son cœur et les y tint longtemps pressées. Tout le monde pleurait dans la chaumière, jusqu'à la femme de Millet, qui ne savait pas trop ce que cette scène voulait dire.

—Allons... décidément... se dit l'invalide en s'essuyant les yeux... je crois que ce pauvre garçon a la cervelle un peu toquée... Je me suis déjà aperçu de ça à Burgau... Que voulez-vous? quand un homme a trop d'esprit, tout ne peut pas tenir dans sa tête, et elle se lézarde.

XXI

La duchesse de Minden.

Un courrier, dont le cheval est couvert de sueur, s'arrête à la porte de la chaumière de Millet.

— M. Victor Lambert...

— C'est ici, dit l'invalide.

— Voilà une lettre qui a fait du chemin... De Chelles à Paris... de Paris ici....

— J'ai tout de même bien fait de dire au concierge où nous étions.

— Oh ! j'aurais été vous chercher au bout du monde... Madame la supérieure m'a dit que c'était très pressé et de la plus haute importance... C'est égal... si j'avais su d'avance que vous étiez à Petit-Brie, j'aurais pris la traverse... c'est plus court...

— Y a-t-il une réponse?

— Oui.

A peine Victor eût-il jeté les yeux sur la lettre, qu'il se retira dans le fond du jardin, brisa le cachet, et lut avec une sorte de recueillement avide.

« Victor,

« Je puis maintenant vous dire ce secret qui
« a si terriblement pesé sur moi, et à la décou-
« verte duquel vous vous êtes acharné avec une
« imprudence dont vous vous seriez repenti
« peut-être, mais dont je n'ai pas le courage de
« vous faire un reproche.

« Il y a long-temps... trop long-temps, hé-
« las! de cela... vous étiez ambitieux, pauvre...
« Vous poursuiviez la gloire et la fortune, qui
« s'obstinaient à vous fuir... Les obstacles
« s'amoncelaient devant vous, et il y eut un
« moment où le désespoir s'empara de votre

« âme. Placée à côté de vous, j'avais vu vos ef-
« forts, j'en avais pris ma part, votre cause
« était devenue la mienne. Il fallait vous sauver:
« je me dévouai. Sous le nom d'un ami de
« votre père, je vous fis parvenir les moyens de
« braver la misère et de travailler pour l'avenir.
« Ah! j'en fus bien récompensée! Combien de
« fois les applaudissements qui accueillirent
« votre jeune renommée, n'ont-ils pas délicieu-
« sement retenti dans mon âme!

« J'avais juré que mon dévouement serait
« entier et que jamais je ne m'exposerais, la
« honte sur le front, aux regards de celui qui
« m'a connue pure et que j'ai tant aimé!

« Dieu me pardonnera d'avoir manqué à ma
« parole... Je vais mourir. Je vous verrai pour
« la dernière fois.

« *Paula, duchesse de Minden.*

« Celle qui pour vous fut

« THÉRÈSE. »

— C'était elle! c'était elle... s'écria Victor en couvrant la lettre de baisers et de larmes.

Une heure après Victor était à Chelles.

Il trouva tout ce pays dans la douleur. N'allait-il pas perdre sa bienfaitrice, sœur Thérèse, autrefois duchesse de Minden ?

La duchesse de Minden était venue s'établir à Chelles. Elle y avait fondé, dans l'ancienne abbaye, un vaste hôpital où les pauvres et les malades de tous les environs étaient reçus et qu'elle desservait avec vingt sœurs de l'ordre de Saint-Vincent de Paule, — ordre dans lequel elle-même s'était engagée.

Victor la trouva sur son lit d'agonie, — pâle, abattue, brisée, — mais comme ces belles fleurs qui tombent avant le temps sous le souffle de l'aquilon ! A sa vue, un sourire de bonheur éclaira tous ses traits, elle tendit la main à Victor et expira.

Le jeune homme s'agenouilla et resta longtemps là, cette main froide dans la sienne, abîmé dans une profonde douleur.

Au moment où il releva la tête, il vit Mila qui, les yeux baignés de pleurs, jetait le dernier voile sur cette belle et calme figure.

Il adressa à Mila un regard de reconnaissance.

De l'autre côté de la couche funéraire était une religieuse qui, les mains jointes, murmurait sourdement une prière.

— Amélie, s'écria Victor après avoir jeté sur elle un rapide coup-d'œil !

— Oui... Victor... répondit la religieuse. Je l'ai cherchée dans un affreux désir de vengeance... je l'ai vue... elle m'a raconté ses douleurs... je n'ai pas eu la force de me souvenir des miennes... Elle vous avait tant aimée... elle avait tant souffert pour vous ! Nous avons mis en commun nos souvenirs... nos regrets... nos... mes remords... J'ai demandé pardon à Dieu de mes fautes, ou plutôt de mes erreurs, et maintenant je n'appartiens plus qu'à lui...

— M'avez-vous pardonné, Amélie ?

— Victor, prions ensemble Dieu pour elle...

Et ils s'agenouillèrent encore une fois tous les deux.

XXII

La Tombe.

Victor Lambert, l'un de nos auteurs dramatiques les plus célebres, est cité pour la bizarrerie de son existence.

Il vit toute l'année dans une maison de campagne, à Chelles, entre sa mère et sa sœur; le lendemain de chacun de ses succès, il porte une couronne sur une tombe très simple qui est au milieu du cimetière — et reste longtemps en méditation devant elle.

Dans un certain monde on s'amuse beaucoup de cette manie. Il serait trop long de rapporter tous les charmants quolibets auxquels elle a déjà donné matière. Mais la physionomie de Victor Lambert est si sérieuse et si grave, que personne n'ose les répéter devant lui.

XXIII

Conclusion.

Cécile a déjà refusé plusieurs partis brillants. Elle veut rester auprès de Victor.

Polydore est devenu *par hasard* sociétaire de la Comédie-Française, et rend de fréquentes visites à son ancien ami.

Le père Millet, l'invalide et Metternich sont tous réunis à Chelles, dans le château de Lambert. Le vieil Allemand ne va jamais à Paris, de peur d'y rencontrer Bellotte; celle-ci qui a trouvé dans Frimann une nouvelle victime, ne pense plus à lui. Elle attend à tout moment la nouvelle de sa mort pour épouser son cher secrétaire ! Mais Frimann est bien décidé à se jeter à l'eau le jour de la bénédiction nuptiale.

FIN.

LA MÈRE GIGOGNE

— *NOUVELLE.* —

I

La Foire Saint-Laurent.

Autrefois, le peuple avait bien plus de lieux de réunion, de rendez-vous de plaisir qu'aujourd'hui. Pour lui la foire Saint-Laurent, la foire Saint-Germain, les boulevarts étalaient leurs spectacles en plein vent. La comédie se jouait au soleil, et pour rire à gorge déployée et à ceinture lâche, nos pères n'avaient pas besoin de s'enfermer dans une salle noire et enfumée. Paillasse, ce beau Paillasse dont nous avons perdu toutes les traditions, risquait ses plus jolis lazzis sur les tréteaux et rassemblait tous les jours la foule à la même heure. Les commères du quartier venaient tricoter à l'ombre de la tente de Colombine, et les enfants étaient élevés entre les gobelets du faiseur de tours et la corde du signor Forioso, saltimbanque de Leurs Majestés les rois de toute la terre.

La foire Saint-Laurent se tenait dans le haut du faubourg Saint-Martin. Elle était célèbre par ses jeux de théâtre de tous les degrés. C'est là que l'opéra comique avait trouvé son premier asyle; c'est là que le Vaudeville naissant essayait ses ailes, c'est là que des auteurs de mérite, brouillés avec la Comédie-Française ou négligés par elle, les Piron, les Lesage, les Favart, venaient moduler de joyeux flonsflons, et faire parler à l'art et à la raison le langage de la folie; c'est là, enfin, que sur le second et le troisième plan, régnaient sans partage les marionnettes, les avaleurs de sabre, les danseurs avec ou sans balancier, les physiciens arabes, les artificiers génois, les physionomistes, les hercules, les nains, les montreurs de bêtes féroces, — et autres bohémiens de la grande famille humaine.

Il y a quelques années, notre siècle éminemment industriel a voulu faire de cette joyeuse arène un marché aux huîtres. Pourquoi ce projet n'a-t-il point encore reçu son exécution? Nous l'ignorons. En attendant, l'amateur qui aime les reliques du passé et qui va visiter la place où brillait autrefois la foire Saint-Laurent, a devant les yeux le plus triste des spectacles. Çà et là des travaux commencés, des pierres amoncelées, des pans de mur tout neufs, des trous et des fondrières, enfin ces demi-ruines qui sont plus tristes que des ruines véritables, — et partout cette couleur blanche de la chaux et des moellons qui fatigue la vue et attriste l'âme. Voilà donc ce que nous avons fait des plaisirs d'autrefois! le cirque s'est transformé en carrière à plâtre!

O civilisation!

Un an environ avant la révolution, il y avait à la foire Saint-Laurent un petit théâtre qui faisait très brillamment ses affaires; il ne désemplissait pas. Le public l'avait pris en affection véritable.

Ce théâtre s'appelait le *théâtre des Variétés-Françaises*.

Il avait été fondé par le sieur Durantin, ancien allumeur de la Comédie-Française et qui en avait été expulsé pour avoir laissé tomber une goutte de cire sur le bras de mademoiselle Clairon, au moment où elle allait entrer en scène dans son costume de Phèdre. — Mademoiselle Clairon poussa un cri affreux; le pauvre Durantin s'enfuit et ne jugea pas à propos de revenir le lendemain; et il fit tout aussi bien, car le concierge avait ordre de lui signifier son congé dans les formes les plus brutales. Ces Messieurs de la Comédie étaient furieux d'avoir perdu une recette que l'indisposition subite de mademoiselle Clairon leur avait enlevée. Ils avaient été forcés de rendre l'argent au bureau. Or, pour un directeur de spectacle, comme pour un percepteur des contributions, *rendre l'argent* est un accouplement de mots véritablement hideux.

Durantin, auquel un long séjour dans les coulisses de la Comédie avait donné une certaine intelligence des choses dramatiques, se réfugia dans la foire Saint-Laurent. Là, il établit le théâtre des *Variétés-Françaises* où il donna des petites pièces avec couplets, à deux et trois personnages. Ce qui contribua à sa vogue, c'est qu'il renouvela souvent son répertoire. Il fit appel à toutes les jeunes ambitions littéraires qui pullulaient dans la Basoche et dans les colléges. — Les intermèdes se composaient de voltige aérienne et de magie noire.

A l'époque où nous sommes arrivés, Durantin venait de mourir, laissant à sa veuve son établissement et treize enfants, dont cinq filles. En dix-huit ans de mariage, Durantin n'avait pas perdu de temps. L'heureuse et étonnante fécondité de la veuve Durantin lui avait fait donner le surnom de la *Mère-Gigogne*. C'est ainsi qu'on l'appelait dans le quartier et même plus loin.

La progéniture de la mère Gigogne se divisait ainsi :

1° Jacquinet, qui sonnait de la trompette, raclait du violon, pinçait de la guitare, composait à peu près tout l'orchestre.

2° Brisco, queue rouge à la porte et premier comique sur la scène.

3° Marie, jolie fille de dix-sept ans, qui avait de grands yeux noirs, une taille divine, un pied de sylphide, et qu'un petit poète du temps avait comparée à la rose cherchant les baisers du zéphyr. Marie jouait les ingénuités et n'avait pas encore de zéphyr.

4° Flanquette, mine éveillée et bouche en cœur. Soubrette.

5° Brigitte.

6° Boulot, garçon fort bien nourri et qui était chargé des rôles de gourmand dans les pièces de bouche.

7° Babet, petite danseuse fort gentille.

8° Loulou.

9° Criquet, un vrai singe.

10° Bambou,

11° Nina.

12° Lanturlu.

13° Cascaret.

On comprend bien qu'à elle seule, la famille Durantin pouvait donner des représentations très complètes et former une pyramide humaine d'une très respectable hauteur. Cependant, vu le jeune âge des derniers de ses enfants, la veuve Durantin avait été obligé de chercher un supplément parmi les étrangers ; ainsi elle avait dans sa troupe Mignonet, Pierrot de quarante-cinq ans qui ne manquait pas d'agilité ; M. Philidor, ex-figurant de la Comédie Italienne qui faisait les annonces, et le vieux père Tapon, camarade d'enfance de Durantin, qu'il avait arraché à la misère, et dont toute la besogne se bornait à battre de la grosse caisse du matin au soir.

La perle, le bijou, le diamant de la troupe était sans contredit la jeune Marie. Sa réputation s'étendait de la rue Saint-Antoine à la place du Châtelet. Quand elle jouait dans la *Rose de la Mariée* ou dans le *Voyage du petit Savoyard*, on était sûr de voir le théâtre de la mère Gigogne plein jusqu'aux combles! Marie était si gracieuse, si gentille! elle chantait si joliment ses couplets! elle disait si pudiquement les mots égrillards! Pour venir l'applaudir et se faire remarquer par elle, les commis marchands de la rue Saint-Denis ne reculaient pas devant un billet de premières de quinze sols. Les loges étaient presque toujours pleines de jeunes seigneurs, de petits abbés et de courtauds de finances aux habits mordorés, et aux boutons de diamants aux manchettes. Les œillades assassines se croisaient de tous les points de la salle. Marie ne paraissait pas comprendre ce qu'on lui voulait.

Les filles de la mère Gigogne étaient élevées avec une grande sévérité, et avaient par tout le quartier un grand renom de sagesse et de vertu. Cela ne faisait que piquer davantage la curiosité des soupirants, et leur ardeur s'en trouvait stimulée.

Il était facile de lire dans les grands yeux de Marie que ce qu'il lui fallait, c'était un amour et non pas une amourette. Sa nature n'était point libertine, mais sentimentale. Son regard plein de langueur, annonçait qu'elle possédait une âme expansive et un grand foyer de tendresse. Elle n'avait rien de ce qui promet la future courtisanne, ni le nez au vent, ni le pied vif, ni la taille jouant sur les hanches, ni la friponnerie de l'œil, ni le va-en-avant de la gorge. Tout en elle était de la vierge soumise. Elle n'était point née pour les planches. Si ses adorateurs avaient été meilleurs physionomistes, au lieu d'offrir des petits soupers, des contrats de rente, et des rendez-vous sous les ombrages des Tuileries, ils auraient soupiré et filé le parfait amour. Mais pour bien jouer ces rôles d'Amadis qui plaisent tant aux filles dont le cœur est tendre et ne demande pas à courir, il faut être véritablement amoureux. Et aucun de ces muguets ne l'était, sinon de chair.

Le petit cœur de Marie continuait donc à sommeiller sous son corset rose, lorsqu'un beau soir, en entrant en scène, ses yeux s'arrêtèrent machinalement sur la loge qui était la plus rapprochée de la rampe.

Cette loge était occupée par deux jeunes gens qui paraissaient être de qualité, à en juger par l'élégance de leurs habits, le brillant de leurs pommeaux d'épée, le bon tour de leur coiffure et l'ampleur de leur jabots de dentelle.

Mais autant l'un était gracieux, joli, vif, autant l'autre était gourmé, raide et prétentieux.

Le joli s'appelait M. le vicomte de Froulay, et l'autre, qui était son cousin, M. le chevalier de Villefontaine.

Après avoir vu le vicomte, Marie éprouva une émotion qu'elle ne connaissait pas. Le vicomte tint de son côté les yeux longtemps fixés sur elle, et cela la troublait. Enfin, une fois leurs regards se rencontrèrent et ils rougitous deux.

Le cœur de Marie se mit à battre violemment sous son corset rose; l'Amadis était trouvé.

— Ah! ça, cousin, dit tout à coup Villefontaine en se dandinant bêtement sur le devant de la loge... Qu'as-tu donc? tu m'as l'air tout empêché? Est-ce que quelqu'une de ces péronnelles en jupon pailletté t'aurait fasciné?

— Cela ne te regarde pas, cousin...

— Si fait, puisque je suis l'aîné et que je puis te donner d'excellents conseils... A Limoges et dans toute ma province du Limosin, j'étais regardé comme un vrai Lovelace; en ai-je fait de ces tours ! Aussi j'ai de l'expérience, et si tu veux me dire quelque chose...

— Je ne te dirai rien...

— Je parie que tu t'es épris de cette mijaurée à l'œil noir et à la démarche nonchalante, dont les paroles traînent comme la queue de la robe de ma grand'mère...

— Que t'importe?

— Il m'importe beaucoup, car je veux faire ton éducation... la partie se présente à merveille... je pourrai en conter pour ma part à cette autre donzelle qui a le nez en trompette et la jambe pimpante... nous mènerons ces deux aventures de front... ce sera charmant... je croirai être encore en plein Limosin !

C'était Flanquette que M. le chevalier de

Villefontaine avait distinguée, et à laquelle il jetait ainsi le mouchoir sans la consulter.

Le vicomte dont le cœur battait à la seule idée de se rapprocher de Marie, se laissa entraîner par Villefontaine. A la fin du spectacle, ils allèrent se poster tous deux sur le derrière de la salle, devant la porte qui conduisait aux coulisses. Mais c'est en vain qu'ils attendirent fort longtemps; personne ne sortit. Toute la famille Durantin demeurait dans l'intérieur du théâtre.

A minuit et demi nos amoureux transis se décidèrent à la retraite et retournèrent l'un au Marais, l'autre au faubourg Saint-Germain.

Le vicomte eut un sommeil fort agité; il rêva de Marie.

II

Le lendemain.

— Par la sambleu! cousin, est-ce que nous retournerons aujourd'hui dans ce bouge?

— Tu feras comme tu l'entendras, mon cher cousin, quant à moi je n'y manquerai pas.

— Foi de gentilhomme?

— Foi de gentilhomme...

— Eh bien... tête bleu! je ne t'abandonnerai pas en pareille passe... Allons!

Les portes venaient de s'ouvrir au public et la recette se faisait, au moment ou les deux cousins arrivèrent. Ils reprirent leurs places de la veille.

Comme le vicomte attendait avec impatience l'entrée en scène de Marie !

Ce jeune homme était d'une nature tendre. Il n'avait point encore aimé; son âme était préparée aux impressions les plus douces et les plus durables, et la première atteinte devait le frapper profondément. — Or, Marie avait été la femme qui avait éveillé chez lui le sentiment. Les grandes passions naissent tout à coup et sans préparation chez ces natures-là, mais elles y tracent un sillon ineffaçable... Le vicomte était une sorte de Werther égaré dans le tourbillon de la société du dix-huitième siècle. On condamne ces tempéraments ; on les tourne en ridicule, on les bafoue, on les accuse de faiblesse et de puérilité. Mais peuvent-ils donc se refaire? Je sais bien que, grand seigneur, il vaut mieux conclure un mariage de convenance et manger sa fortune et celle de sa femme avec des danseuses d'Opéra. Je sais bien qu'apprenti notaire ou procureur en herbe, il vaut mieux courtiser la dot d'une jeune bourgeoise que l'on connaît à peine, et payer avec les écus des chers parents la charge que l'on a en vue. C'est ainsi que l'on fait son chemin et que l'on arrive à une position. Mais tout le monde n'est pas né pour ce commerce. Il est quelques âmes d'élite, quelques niais, comme disent les procureurs et les roués, qui se tiennent en dehors du trafic ordinaire de la vie, qui s'attachent aux jouissances intimes, et qui aiment bêtement, sans tenir compte des intérêts, des préjugés, des distances. — La Providence avait heureusement ou malheureusement pour lui — je ne sais trop de quel côté me prononcer — jeté le petit vicomte de Froulay dans la classe des niais de cœur.

Marie était aussi une singulière fille. Si vous voulez bien la connaître, appliquez-lui absolument ce que nous venons de dire du vicomte. On aurait juré que leur deux natures avaient été coulées dans un seul moule. C'était la même ingénuité, la même faiblesse de cœur, la même richesse de sensibilité. Les gens de cette race ne gaspillent pas leurs émotions en amourettes et en fariboles ; ils les concentrent et les dépensent en une seule fois. Mais alors la fête est complète et n'a pas de fin. Il n'est pas de folies et d'extravagances qu'ils ne fassent de sang-froid. La tête est absorbée par le cœur.

Malgré son métier de tous les soirs, Marie avait conservé toute la fraîcheur de ses penchants. Sous la couche de fard dont on chargeait ses joues, elle avait l'incarnat et la pureté de la jeunesse. Elle disait les mots d'amour sans les comprendre, et son cœur était pour ainsi dire en expectative. — Mais le moment était venu où elle ne devait plus attendre.

L'effet qu'elle avait produit sur le vicomte, elle l'avait ressenti elle-même. Quand deux âmes ainsi organisées se rencontrent, elles se reconnaissent et s'enflamment subitement. Je croirais même que chacune d'elles est faite pour l'autre, et que lorsque le hasard veut qu'elles ne se trouvent jamais sur la même route, elles languissent dans un douloureux *à parte* et finissent par s'étioler et se flétrir. — Si ce système physiologique était adopté, il nous livrerait le secret de ces natures pleines de feu et de vie qui s'ensevelissent volontairement dans le silence du cloître ou qui tendent par le suicide vers l'origine et le séjour de toute félicité.

Oui, que mon système soit adopté, et il nous sera encore permis de ne plus nous étonner des jeux bizarres de l'amour qui met si souvent le haut en bas et le bas en haut, brouille les cartes, unit des existences entre lesquelles le hasard avait placé d'énormes barrières, pose les trônes dans des chaumières et les chaumières sur les trônes, et nous donne une Catherine, impératrice de Russie, et un David Rizzio presque roi d'Écosse.

En entrant en scène, Marie porta involontairement ses regards vers la loge où elle avait vu la veille le jeune homme. En le retrouvant là, elle tressaillit. Le vicomte de son côté devint pâle comme la mort, et puis rouge comme une cerise. Ils restèrent quelque temps à se contempler en silence ; — si bien que le public s'aperçut de la préoccupation de Marie et qu'il commença à murmurer un peu. Cet orage naissant la rappela à elle-même et elle chanta. Mais elle ne joua pas ce soir-là son rôle avec autant de verve qu'à l'ordinaire.

Le chevalier de Villefontaine, de son côté, avait remarqué le trouble de son cousin.

— Ah! ça... ventre saint-gris!... tu en tiens donc décidément, mon pauvre ami, s'écriat-il... diable! diable... il faut en finir pour que cela ne devienne pas sérieux... sois tranquille... je vais songer à arranger les choses de façon à nous contenter tous deux... Je me souviens de ce que je fis certain soir à Limoges pour séduire une petite sauteuse qui donnait des représentations sur le Champ de Foire... Je suis un roué, te dis-je! Nous devons pénétrer dans la place... et une fois que nous y serons, je veux que le diable m'emporte si Cupidon ne transperce pas de sa flèche la plus aiguë le cœur des deux belles que nous voulons attendrir.

Villefontaine se pencha vers le père Tapon qui, des trois musiciens de l'orchestre, était le plus rapproché de lui et occupait avec sa grosse caisse une bonne partie de l'espace réservé à ses confrères.

— Eh!... l'homme à la peau d'âne, lui dit-il avec un petit air de fatuité et d'insolence qui lui allait fort mal, écoutez-moi... ne serait-il pas possible, moyennant une rétribution honnête, de pénétrer dans les coulisses de votre théâtre pour voir ces jolis petits minois de plus près, et si nous vous offrions par exemple un louis, ne vous chargeriez-vous pas de nous servir d'introducteur...

— Vous n'êtes pas le premier, Monsieur, qui me fassiez cette proposition là...

— Alors vous avez l'habitude de rendre ce petit service aux gens qui savent payer, et nous pouvons espérer... que...

— Je n'ai jamais rendu ce service à personne.

— Et pourquoi?

— Parce que la directrice ne veut voir dans les coulisses aucune personne étrangère à sa troupe, et que si elle vous y rencontrait, elle vous ferait chasser par les soldats de service...

— Nous faire chasser, nous... des gentilshommes !

— Vous... des gentilhommes ! Elle a, à cet effet, l'autorisation de M. le lieutenant-général de police; elle a même reçu de lui des ordres précis. Et puis c'est dans ses goûts. Elle élève sa famille en brave femme, et gagne son pain aussi bien qu'elle peut. Dam ! c'est sa manière.

— Ah ! ça, nous sommes donc en pays sauvage !

— Non... en pays honnête !

— Oh ! oh !

— Il n'y a pas de oh ! oh !,... toute la foire Saint-Laurent le sait bien. La mère Gigogne...

— Qu'est-ce que c'est que ça, la mère Gigogne ?

— La directrice, madame Durantin, ainsi nommée à cause de l'heureuse fécondité de son mariage...

— Bien... quel peuple! Pouah!

— La mère Gigogne n'aime pas à voir des muguets traîner leur guêtres autour de ses filles; et quoiqu'elles soient jolies...

— Oui... passables.

— Jolies... on n'a pas à dire la moindre chose sur leur compte...

— C'est que personne n'a essayé bien sérieusement de les séduire, fit Villefontaine en secouant impertinemment son jabot...

— Merci... Il faudrait avoir une langue de fer et une journée devant soi pour narrer toutes les entreprises qui ont été faites contre la vertu des demoiselles Durantin... Voulez-vous que je vous raconte seulement une histoire?

— Allez, bonhomme...

— Il y avait une espèce de grand d'Espagne sur lequel les charmes de mademoiselle Marie avaient fait une bien vive impression. Il venait tous les soirs ici étaler ses diamants et ses broderies. Il avait offert je ne sais combien de piastres et de châteaux pour avoir seulement un moment d'entretien avec notre charmante actrice. Ses efforts avaient été vains. Enfin la tête perdue, il résolut de faire un grand coup. Il se procura par un affidé une clef de la partie du théâtre où sont situés les logements de la famille et s'y glissa pendant la nuit avec trois ou quatre domestiques. Il ne voulait rien moins qu'enlever mademoiselle Marie...

— C'est très beau...

— Mais il avait compté sans son hôte. Il faut vous dire que la mère Gigogne possède quatre boule-dogues d'une taille gigantesque, dont un seul ferait raison d'un peloton de gardes françaises, et qui se promènent philosophiquement pendant la nuit dans l'intérieur de la maison. A peine le grand d'Espagne eût-il franchi le seuil sacré, que Grimm, le plus grand des quatre chiens, se précipita sur lui et lui tailla de rudes croupières. Les autres se chargèrent de ses compagnons. Tous ces malheureux caballeros furent réduits à appeler du monde à leurs secours. Jacquinet et Brisco, les deux fils aînés de la mère Gigogne, accoururent. Il faut vous dire encore, Monsieur, que Jacquinet, — tenez... celui qui remplit les fonctions de chef d'orchestre, et que vous voyez là-bas son violon à la main — est d'une force colossale et casse une noix de coco entre le pouce et l'index. Il reconnut le grand d'Espagne, devina le motif pour lequel il s'était introduit dans le cénacle, et lui administra une bonne volée de coups de bâton. L'Espagnol put se dire *roué*, dans toute l'acception du mot. Il fut obligé de garder le lit pendant deux mois. Après complète cicatrisation, il songea à se venger et voulut faire agir M. le lieutenant-général de police contre les misérables histrions qui l'avaient si bien houspillé. Mais la mère Gigogne alla se jeter aux pieds de ce magistrat, et lui raconta toute l'aventure ; et puis elle s'était déjà assuré la protection de la reine qui vient quelquefois ici et l'aime beaucoup. Le grand d'Espagne fut généralement blâmé, ne put obtenir aucun acte de rigueur contre la famille Durantin, et dans sa fureur s'empressa de repasser les Pyrénées. Que Dieu le tienne en joie!

L'ouverture commença, et le père Tapon fut forcé de s'arracher aux charmes de la conversation pour frapper à tour de bras sur la peau d'âne de sa grosse caisse.

— Ah! ça... se dit Villefontaine... ce grand d'Espagne qui a reçu un affront si complet... ce doit être le petit marquis de Villamayor dont le subit départ a étonné tout le monde! Il passait pourtant pour un conquérant de premier ordre, et charmait la cour et la ville par l'audace de ses façons d'agir. Ah! ah!... il a échoué ici... raison de plus pour persister! Il sera beau de réussir là où Villamayor en a été pour sa courte honte! Je veux que nous ayons ce soir avec ces péronnelles une petite conversation, ne fût-elle que de dix minutes; c'est le moyen d'engager l'affaire. J'ai mon plan. Mûrissons-le.

Villefontaine resta quelque temps plongé dans ses réflexions, et en sortit tout à coup pour dire à son cousin :

— Ah! ça... mon cher Louis... assez de contemplation comme cela! tu as l'air d'une véritable statue. Il faut agir. Tu as bonne envie n'est-ce pas, de voir de plus près cette petite fille...

— Oh! c'est le plus ardent de mes vœux!

— Eh bien... je te ferai causer avec elle ce soir...

— Quoi! vraiment tu pourrais...

— Par la sambleu! j'en ai fait bien d'autres à Limoges et dans ma province du Limosin... Tu me promets de me suivre aveuglément...

— Je te le jure...

— Eh bien... foi de chevalier de Villefontaine... il y aura bientôt deux saintes de plus dans le martyrologe des vierges séduites... Je veux qu'on en parle jusqu'à Limoges!

Le vicomte ne l'écoutait déjà plus; il en était revenu à sa contemplatiou muette, et s'enivrait d'avance du plaisir qu'il aurait à se trouver rapproché de cette créature si belle et si parfaite.

La toile était déjà tombée, et l'allumeur commençait à éteindre les chandelles de la rampe ; le jeune homme avait encore les yeux fixés sur la scène, comme si Marie eût été toujours là.

— Allons... allons... alerte, lui dit tout à coup à voix basse le chevalier de Villefontaine... Le spectacle est terminé... tout le monde est presque sorti ! fais comme moi... à la guerre comme à la guerre !

Villefontaine se blottit à quatre pattes sous l'une des banquettes de la loge ; le vicomte l'imita. L'allumeur vint tout fermer et ne les vit pas.

Lorsque le silence le plus profond régna dans la salle, Villefontaine et le vicomte sortirent de leur cachette, se jetèrent dans l'orchestre, montèrent à pas de loup dans les coulisses par la petite porte de communication, et arrivés là, s'orientèrent du mieux qu'ils purent. Villefontaine se prit tout à coup le pied dans une trappe dont il eut toutes les peines du monde à se tirer, et au même instant il entendit résonner dans la cour des aboiements terribles. En ce moment le féroce Grimm et l'herculéen Jacquinet lui vinrent en mémoire et il commença à se repentir de son imprudence. Mais il n'y avait plus à reculer.

Des pas retentirent dans l'escalier intérieur du théâtre; Villefontaine, fort inquiet, jeta un regard rapide de tous côtés et chercha à percer l'obscurité. Il vit un point lumineux qui scintillait entre les ais mal joints d'une porte. Il se précipita de ce côté, et quelle ne fût pas sa joie, lorsqu'en collant son œil aux fentes de la susdite porte, il reconnut qu'il était précisément devant la loge où se déshabillaient Marie et sa sœur Flanquette.

— Viens! viens! dit-il au vicomte... nous sommes plus heureux que nous ne le méritons!

Et puisant dans l'étrangeté de la situation une audace surnaturelle, il ouvrit brusquement la porte de la loge et y entra, suivi par son cousin.

Flanquette poussa un cri de détresse; Marie ne trouva la force de rien dire. Elle avait ses grands yeux fixés sur le vicomte de Froulay. Mais, tandis que l'effroi se peignait sur la physionomie de sa sœur, la sienne ne reflétait qu'une sensation de plaisir.

Les intentions de Flanquette n'étaient nullement douteuses ; elle courut vers la fenêtre pour appeler du secours. Villefontaine crut qu'il fallait frapper un grand coup ; il se jeta aux pieds de la jeune fille et lui prit amoureusement la taille. Flanquette répondit à cette avance par un vigoureux soufflet, un soufflet si bien appliqué, que sa main, après avoir rebondi sur la maigre joue du chevalier, alla au retour éteindre et renverser l'unique chandelle qui éclairât cette scène.

Il y eut à la suite de cet accident un moment de stupéfaction et de silence ; puis Flanquette se mit à appeler très sérieusement à l'aide. Les aboiements des chiens et les hurlements de Jacquinet répondirent bientôt à ses cris. C'était un brouhaha à ne pas s'entendre, et c'est en vain que le chevalier, après s'être relevé péniblement et avoir mis son mouchoir sur sa joue, chercha à rejoindre son cousin. Il criait à tue-tête sans pouvoir se faire entendre, et cherchait la porte à tâtons, se cognant aux murs et perdant à tout moment l'équilibre.

D'ailleurs, le vicomte ne pouvait lui répondre. Il n'était déjà plus là. Une douce main avait saisi la sienne, l'avait entraîné comme malgré lui ; on l'avait longtemps fait marcher d'un pas sûr, au milieu de l'obscurité, dans le dédale des corridors et des passages secrets du théâtre ; puis, tout-à-coup, une petite porte s'était ouverte devant lui, et il était arrivé sur la place Saint-Laurent qui était illuminée par un clair de lune magnifique.

Il imprima un brûlant baiser sur la douce main qu'il tenait encore, et Marie lui répondit par une tendre et longue pression. Puis, tout-à-coup :

— Partez !... partez !... j'entends du bruit !

— Partirai-je donc sans emporter un souvenir ?... Oh ! quelque chose que je puisse mettre sur mon cœur pour comprimer ses élans !

Marie détacha l'une des roses de sa coiffure

de théâtre, la lui jeta et disparut aussitôt.

Le jeune homme ramassa cette fleur sans parfum et sans vie, et la pressa sur ses lèvres. Oh ! il ne l'aurait pas donnée dans ce moment pour tous les joyaux de la couronne de France, et le voleur de nuit qui aurait cherché à la lui disputer, dans son trajet du faubourg Saint-Martin à la rue des Saints-Pères, aurait pu payer bien cher son audace.

Mais qu'était devenu pendant ce temps-là le pauvre chevalier de Villefontaine ?

Il avait enfin trouvé l'entrée de la loge, et s'était élancé, comme une âme perdue, sur le théâtre dont il ne connaissait pas, hélas ! tous les détours.

Il voit la lumière d'une lanterne briller dans le lointain ; il veut s'échapper, il tombe sur une autre lanterne qui était tenue, celle-là, par le terrible Jacquinet. Il fuit... Hommes et bêtes se lancent sur ses traces. Il saute de coulisse en coulisse, de loge en loge, de corridor en corridor, et renouvelle la célèbre poursuite de feu M. de Pourceaugnac. Rejoint par Brisco, il reçoit un terrible coup de manche à balai sur les épaules, et n'en évite un second qu'en s'engouffrant dans le trou du souffleur. Il erre sous les planches de la scène et trouve enfin un escalier. On l'y suit encore. Il reçoit sur la tête des projectiles de toute nature. Grimm l'atteint et livre à sa culotte un combat acharné. La douleur augmente la vitesse de sa course. Le voilà enfin parvenu dans une cour ; il n'est plus séparé de la rue que par un petit mur. Il se met en mesure de l'escalader ; trois fois il se place à califourchon sur son couronnement, trois fois Grimm le ramène à terre, tantôt par la basque de son habit, tantôt par le mollet, tantôt par la peau du ventre. Enfin, il fait un dernier effort, et tombe de l'autre côté du mur. Mais il n'est plus qu'un triste débris de lui-même. Il a laissé sur le champ de bataille une notable partie de sa toilette et même de son individu. Cependant il se relève, croyant toujours avoir à ses trousses les dents de Grimm et le manche à balai de Brisco, et regagne le Marais, clopin clopan, une main sur sa joue et l'autre sur les solutions de continuité de sa culotte de satin rose.

Malheureux chevalier! as-tu jamais rien essuyé de pareil à Limoges et dans ton pays du Limosin?

III

Charles Dupuis.

Un jeune homme, vêtu d'un habit noir un peu râpé, portant un dossier sous le bras, sort de la rue Saint-Denis, traverse le boulevart et s'achemine vers la foire Saint-Laurent. Il est facile de reconnaître en lui un des membres émérites de la basoche. Un rabat de dentelle fripée tombe sur sa poitrine, et ses doigts sont tachés d'encre. Il quitte sans doute l'étude de son patron, procureur à la place du Châtelet.

Ce jeune homme s'appelle Charles Dupuis. Il ne se fait point remarquer parmi ses camarades par ses airs tapageurs, son amour du désordre et sa paresse. C'est un piocheur. Il veut sérieusement parvenir à quelque chose. Après avoir grossoyé toute la journée dans son étude, il passe ses nuits au travail. Il use ses yeux sur Cujas et Barthole. Sa physionomie, pâle et déjà ridée, porte la trace des veilles. Il est sur le point de se faire inscrire sur le tableau des avocats au Parlement.

Charles Dupuis, fils d'un souffleur de la Comédie-Française, avait vu son pauvre père épuiser toutes ses ressources pour lui donner les premiers éléments d'une éducation libérale; puis, les Oratoriens chez lesquels il avait été placé, et qui avaient remarqué en lui les germes d'un grand talent, l'avaient pris en affection et l'avaient conduit gratuitement jusqu'à la fin de ses classes. Au moment où il allait sortir du collége, les révérends pères lui avaient proposé d'entrer dans l'ordre ; mais le jeune Dupuis, qui était imbu des idées nouvelles, avait nettement refusé et s'était jeté dans la basoche.

Son père avait été un ami intime de la famille Durantin, et après la mort de ce brave homme, Charles avait continué à rendre de fréquentes visites à la directrice du petit théâtre des *Variétés-Françaises*. Il se plaisait avec ces bonnes gens, il se délassait dans leur compagnie de ses fatigues de la journée, et, comme il n'avait plus de famille, il lui semblait que par eux il tenait encore à quelque chose sur la terre. Son affection pour les Durantin était sincère et réelle, — et vous verrez tout-à-l'heure qu'elle se compliquait d'un sentiment plus tendre et plus vif.

Il est midi. — La mère Gigogne est à table, entourée de tous ses enfants, et leur partage d'une main juste et égale les portions, savamment combinées, d'un dîner plus abondant que fin. A la vue de Charles Dupuis, elle laisse échapper un mouvement de surprise.

— Comment! toi ici à cette heure, mon ami? La foire Saint-Laurent ne t'a jamais vu au grand jour... Tu ne viens ordinairement nous faire visite qu'après toutes tes écritures terminées... Quel heureux hasard t'amène?

— Je vous dirai cela tout-à-l'heure, madame Durantin.

— Tu m'effraies...

— Oh! ce que j'ai à vous dire n'a pourtant rien de bien effrayant, reprit-il en souriant.

La mère Gigogne s'empressa de congédier toute sa progéniture, et lorsqu'elle fut seule avec Charles Dupuis:

— Voyons... qu'as-tu à me dire?...

— Dans huit jours, je quitte l'étude de Me Brigaut.

— Serais-tu mécontent de lui?...

— Non! il a toujours été pour moi un excellent patron... Mais j'ai passé ma thèse avec succès, et je vais commencer à plaider au Parlement...

— Tu es avocat?...

— Oui, madame Durantin...

— Voilà une belle carrière ouverte devant toi, et si ton pauvre père vivait encore, il aurait bien du plaisir à t'entendre défendre ta première cause...

— Maître Brigaut m'a promis de me confier la plupart des dossiers de son étude, de sorte qu'avec un peu d'ordre et de travail, mon sort est à peu près assuré...

— L'ordre et le travail, ce n'est pas cela qui te manque.

— Mais il me manque autre chose...

— Quoi donc ?

— Une femme...

— Tu veux te marier ?

— Oui... madame Durantin... Ma vie va être laborieuse, renfermée...... j'ai besoin d'avoir auprès de moi une compagne qui m'encouragera et me rendra le travail plus doux... Et puis vous savez que je ne suis pas l'un de ces hommes à perdre mon temps en amourettes, à courir des bourgeoises aux grisettes, et à dépenser mes sentiments en détail... J'ai besoin d'une affection unique et sincère...

— Et tu as raison, mon garçon... mais où veux-tu en venir? Aurais-tu jeté les yeux sur une personne de ma connaissance et viendrais-tu me demander conseil?...

— Précisément...

— Parle, mon garçon...

— J'ai jeté les yeux sur mademoiselle Marie, votre fille, et avant de vous demander votre consentement, je viens vous demander conseil...

— Mon cher Charles, tu as bien fait... Je te regarde comme mon fils, je suis pour toi une seconde mère... je vais te parler à cœur ouvert... Je crois que Marie a tout ce qu'il faut pour faire le bonheur d'un homme... Elle est douce, aimante, pleine de bonnes qualités, et, je puis le dire, presque sans défauts... Mais as-tu bien songé au préjugé qui poursuit ceux qui ont paru sur la scène, préjugé plus impitoyable encore pour notre sexe que pour le vôtre? Marie est connue de tout Paris... elle ne s'appartient plus... elle est actrice... Chacun croit avoir le droit de la montrer au doigt dans la rue et de l'appeler par son nom de jeune fille... Il faut qu'elle épouse un comédien.

— Vous n'ignorez pas, madame Durantin, que je suis, par caractère, au-dessus de tous les sots préjugés du temps... ce n'est donc pas cela qui m'arrêterait. Marie, devenue ma femme, sera bientôt oubliée par tout le monde, et au besoin je saurai la faire respecter...

— Mais tu sais encore, mon garçon, combien le théâtre est un fruit savoureux pour tous ceux qui en ont une fois goûté? On quitte les planches, puis on les regrette, puis on veut reparaître devant la rampe... Ne crains-tu pas que du fond de l'île Saint-Louis ou de la Cité, Marie ne jette quelquefois un coup-d'œil vers le misérable théâtre où elle est applaudie tous les soirs.

— Je l'entourerai de tant de prévenances, de tant d'amour et tant de bonheur qu'elle n'aura pas le temps de se souvenir...

— Mais, réfléchis bien, Charles... Dans ta

position tu peux trouver un riche parti de la bourgeoisie... ou bien quelque fille parlementaire qui t'assurera un appui parmi les robes noires... Tous tes confrères ont commencé ainsi et s'en sont bien trouvé...

— Mais moi, ma bonne madame Durantin, je veux me marier pour moi-même et non pour ma position...

— Tu as réponse à tout...

— Et puis, tenez, pour clore le débat, je vais vous dire une chose qui tranchera toute difficulté, du moins entre nous deux... J'aime votre fille comme un fou...

— Et je ne m'en suis pas aperçue !

— Je sais cacher ce que j'éprouve... mais sous mon enveloppe froide et réservée, il y a un cœur aussi !... Long-temps j'ai réprimé ses battements. Je ne voulais me déclarer qu'au moment où il me serait permis d'offrir à votre fille une situation digne d'elle. L'heure est venue. La possession de Marie comblera le plus ardent de tous mes vœux.

— Ma foi ! mon ami, je n'ai plus rien à dire.

Je vais appeler Marie, et si elle consent à ce mariage, je n'y vois plus d'obstacle. Dimanche prochain nous commencerons la publication des bans. Après tout, pour la probité et la bonne reputation, le nom de Durantin en vaut bien un autre.

La pâle physionomie de Charles s'éclaira tout à coup, puis, à l'arrivée de Marie, elle reprit une teinte plus sombre.

— Marie, dit la mère, Charles Dupuis sera inscrit dans huit jours au tableau des avocats au parlement, et il te demande en mariage. Je n'ai jamais entendu faire violence aux inclinations de mes enfants. Tu es maîtresse d'accepter ou de refuser. Que décides-tu ?

Marie, surprise par cette proposition inattendue, rougit beaucoup; puis après quelques instants de silence, elle ne put que balbutier :

— Ma mère... Monsieur Charles...

— Ah! je comprends... devant moi tu es intimidée... eh bien ! je te laisse avec Charles, ton ami d'enfance... au fait, cela regarde les jeunes gens, la vieillesse effarouche ces sentiments-là... Donne ta réponse à Charles, il me la fera connaître; si elle est favorable, dans trois semaines vous serez mariés. Mais, quelle qu'elle soit, ma chère enfant, demeure bien convaincue que je ne t'en aimerai pas moins.

La mère Gigogne baisa Marie au front et se retira. Quand elle fut partie, la jeune fille parut reprendre un peu d'assurance et dit à Charles :

— Monsieur Charles, je vous ai toujours connu pour un homme bon et loyal. Je m'expliquerai avec vous plus franchement que je n'aurais pu le faire avec ma mère, et je vous prie de garder mon secret. Je le confie à votre probité, et je me mets moi-même sous votre protection. Dieu m'est témoin que s'il y a huit jours seulement vous étiez venu me faire la demande que vous me faites aujourd'hui, j'aurais peut-être consenti à devenir votre femme, car mon cœur n'avait pas encore parlé, je ne savais pas ce que c'était qu'aimer, et j'ai pour vous une estime et un attachement qui ne s'effaceront jamais. Mais je ne veux pas vous tromper, j'aime quelqu'un ; je ne puis devenir votre femme.

— Mademoiselle Marie, je saurai me rendre digne de la marque de confiance que vous venez de me donner. Votre conduite augmente, s'il est possible, la considération que j'ai déjà pour vous et double mes regrets. Je me consolerai difficilement de la perte du bonheur que j'avais rêvé ; mais je ne cesserai de faire des vœux pour votre bonheur.

La mère Gigogne attendait avec impatience le résultat de la conférence.

— Eh bien !... fit-elle à Charles aussitôt qu'elle l'aperçut.

— La réponse est négative...

— Je te le disais bien... l'amour du théâtre ! Oh ! quand il a pris racine quelque part, on n'en vient pas facilement à bout !

— Plût à Dieu que ce fut l'amour du théâtre, dit tout bas Charles en s'éloignant et en essuyant une larme.

IV

M. Lafleur.

Le vicomte de Froulay avait à son service un valet qui était taillé sur le patron des héros d'antichambre de Regnard et de Dancourt. C'était un maître fourbe, qui avait servi beaucoup de chevaliers d'industrie, de marquis ruinés, de petits abbés sans bénéfices, qui avait plus d'un tour dans son bissac, et qui regrettait beaucoup le temps où, sans craindre la corde, on pouvait s'abandonner à tous les élans d'un génie né pour l'intrigue. Il gémissait sincèrement sur l'amélioration qui se faisait remarquer dans les mœurs et ne prononçait jamais le nom de madame de Pompadour sans se découvrir.

Lorsqu'on l'avait placé auprès du vicomte de Froulay, jeune seigneur fort riche et fort joli garçon, il avait cru que ses beaux jours allaient renaître ; mais il n'avait pas tardé à retomber dans ses humeurs noires, car il avait trouvé dans le vicomte un homme simple, timide, peu porté au désordre, et qui tenait toujours son monde à une certaine distance.

Vingt fois il avait eu envie de quitter la place; mais du reste la maison était si bonne, qu'il avait fini par prendre son mal en patience.

L'arrivée du chevalier de Villefontaine jeta quelques espérances dans l'âme de maître Lafleur. Il avait le coup-d'œil trop juste pour ne pas reconnaître en lui un sot de première volée ; mais il voyait aussi que c'était un sot qui cherchait à faire le roué et l'homme à bonnes fortunes, et il comptait bien que par son exemple il entraînerait son petit cousin.

Lafleur fut transporté de joie lorsqu'il apprit que son maître avait rendu plusieurs visites au théâtre de la foire Saint-Laurent. Il y avait là indication d'un goût persévérant. Cependant il ne savait rien encore, et le vicomte n'ouvrait pas la bouche. Il paraissait inquiet, ému, agité; mais pas une confidence. Le digne valet était aux abois.

A la suite de sa lutte avec Grimm et Jacquinet, le chevalier de Villefontaine était resté plusieurs jours au lit. Pour sa première sortie, il vint voir son cousin; et Lafleur qui s'était depuis long-temps promis de tirer de lui quelques lumières au sujet du roman de la foire Saint-Laurent, l'arrêta dans l'antichambre.

— Il y a long-temps que nous n'avons vu monsieur le chevalier de Villefontaine?

— Effectivement, Lafleur...

— Quelque nouvelle conquête aura sans doute retenu monsieur le Chevalier...

— Ah! ah!... c'est possible, mon cher Lafleur...

— Il est, je crois, bien difficile de résister à monsieur le Chevalier...

— Lafleur... j'ai déjà remarqué que tu es un garçon d'intelligence... Tiens, voilà deux louis pour boire à ma santé...

— Ah! si tous les gentilshommes ressemblaient à monsieur le Chevalier, la France ne serait pas si triste...

— Oui... l'école de Richelieu à laquelle je tiens, ne fait plus de prosélytes... Nous nous effaçons tous les jours, mon pauvre Lafleur, nous nous effaçons tous les jours...

— Mais, qu'a donc monsieur le Chevalier? sa joue est toute rouge.

— Rien... un reste de fluxion!...

— Monsieur le Chevalier aura sans doute attrapé ce coup d'air là en faisant le guet, le soir, à la foire Saint-Laurent.

— Hein!... s'écria le chevalier pâlissant... que dis-tu de la foire Saint-Laurent?

— Je dis que dans ce quartier là il n'est question que de vos prouesses, et que l'on vous proclame le plus grand séducteur du monde...

Le chevalier de Villefontaine regarda un instant Lafleur en face, pour bien s'assurer qu'il ne se moquait pas de lui; mais la bonne foi la plus profonde régnait sur la physionomie de l'impassible drôle. Le chevalier crut qu'aux yeux du vulgaire ignorant, qui abonde à la foire Saint-Laurent comme ailleurs, ses échecs avaient passé pour des triomphes, et il se rengorgea.

— Et quoi! vraiment l'on me proclame?...

— Le plus grand séducteur du monde, monsieur le Chevalier.

— On est bien bon... mais c'est fini...

— C'est-à-dire que vous en avez fini, vous et M. le vicomte, avec la vertu de ces demoiselles.

— Moi! oui... répondit le Chevalier avec un petit rire de suffisance fort comique.

— Mais M. le vicomte?

— Il est si pauvre garçon, qu'il n'arrivera jamais à rien... Il en tient toujours, mais il faudra que je le dissuade d'aller plus loin.

— Monsieur le chevalier a tant d'éloquence!

Le Chevalier tira encore un louis de sa poche et le donna au rusé coquin.

L'abbé Prevost a dit quelque part que de son temps, et grâce à la justice distributive de la Providence, les grands étaient assez ordinairement des sots, et les petits des gens d'esprit, qui parvenaient à vivre à leurs dépens. Lafleur et le chevalier de Villefontaine prouvaient bien la vérité de cet aphorisme.

Lafleur était enchanté de ce qu'il venait d'apprendre. Son maître avait enfin une amourette. Son vrai rôle à lui, le rôle d'un valet intrigant et hardi, allait commencer. Il était sur le point de devenir le familier et le confident du jeune homme. *Vivat Mascarillus !*

Il s'était aperçu depuis quelque temps d'un certain air de tristesse répandu sur la physionomie du vicomte ; il ne savait à quoi l'attribuer. Maintenant tout s'éclaircissait pour lui. Le vicomte était pris et il rencontrait de la résistance. Quelle plus belle occasion pour un maître fourbe de déployer ses talents et de montrer la puissance de son génie!

Mais il fallait trouver un moyen d'entrer dans les secrets du maître. Dès que Villefontaine eût quitté son cousin, Lafleur s'empara de la place. Il trouva le vicomte enfoncé en un grand fauteuil et le front appuyé sur sa main; — dans la position d'un homme qui est morose et qui réfléchit.

Depuis la scène nocturne qui avait laissé dans l'âme du vicomte de si doux souvenirs, il avait en vain cherché à se trouver encore une fois avec elle, près d'elle. On faisait bonne garde autour de la vertu de Marie. La mère Gigogne avertie s'était mise à redoubler de surveillance. Le vicomte ne pouvait *la* voir que sur les planches et du fond de sa loge. Les signes d'intelligence qu'il échangeait avec *elle* ne suffisaient déjà plus à sa passion.

Voilà pourquoi M. le vicomte était triste, voilà pourquoi il réfléchissait.

Lafleur s'approcha de lui à pas comptés, fit semblant d'arranger le feu dans la cheminée, et lorsqu'il eût fini, se hasarda à dire, en jetant un coup-d'œil de côté :

— Monsieur le vicomte est indisposé ?

— Non, Lafleur, non...

— Alors, Monsieur le vicomte ira ce soir à la foire Saint-Laurent.

Le jeune homme tressaillit... et relevant la tête :

— A la foire Saint-Laurent ?

— Oui... où Monsieur le vicomte va tous les soirs depuis près d'un mois...

— Et qui vous a dit cela, monsieur Lafleur?

— Une parente à moi, une marchande qui demeure sur la place, qui a eu quelquefois le plaisir de voir Monsieur le vicomte ici, à l'hôtel, et qui m'a affirmé qu'on parlait de lui quelquefois à la foire Saint-Laurent.

— Et qui parle de moi ?

— Une jeune comédienne, continua Lafleur avec aplomb, qui vient quelquefois chez ma parente, et sur laquelle Monsieur le vicomte a fait quelque impression.

— Comment! Marie... elle parle de moi ?

— Oui, monsieur le vicomte.

— Et pourrais-je la voir... chez ta parente?

Malgré son effronterie, Lafleur parut un instant embarrassé. Il était pris dans son propre piège; mais il se ravisa aussitôt et dit avec une pudeur charmante :

— Oh! ma parente est une femme de mœurs, et ferait peut-être quelques difficultés pour... Enfin, Monsieur le vicomte me comprend... mais, à la rigueur, elle pourrait peut-être remettre une lettre...

— Une lettre! oh! tu es mon sauveur! Mais que lui dirai-je, dans cette lettre?

— Parbleu!... que Monsieur le vicomte demande un rendez-vous!

— Un rendez-vous!... oh! je n'oserai jamais...

— Monsieur le vicomte est bien bon... il faut toujours oser et si Monsieur le vicomte veut bien accepter mes petits services, je me charge d'amener la jeune fille là où Monsieur le vicomte pourra l'entretenir un instant. Je suis habitué à ces sortes de manéges, et je serais enchanté de pouvoir donner à Monsieur le vicomte un petit échantillon de mes talents.

— Eh! quoi... Lafleur... tu pourrais...

— Écrivez, monsieur le vicomte, écrivez la lettre... je n'accepterai vos éloges qu'au dénoûment.

Le vicomte se mit à son secrétaire :

« Marie,

« Je vous aime de toutes les forces de mon « cœur! Si j'ai bien lu dans vos yeux, je « dois espérer que votre âme n'est pas pour « moi indifférente. N'éprouvez-vous pas aussi « le désir de m'entendre vous dire que je vous « aime? Moi... je donnerais ma vie pour un « pareil mot sortant de votre bouche. Vous êtes « le premier ange de mes rêves! Mon bonheur « sera de vivre avec vous et pour vous. Venez. « La personne qui vous remettra cette lettre « est à moi, et vous pouvez avoir en elle toute « confiance. Venez.

« Louis. »

Lafleur s'apprêtait à entendre la lecture de

la lettre et à donner son approbation au contenu ; mais le vicomte la ferma et la cacheta aussitôt. Son amour avait toute la pudeur d'une passion vraie. Il eût rougi de mettre un valet dans la confidence des épanchements de son âme. Dans la chaleur de ses désirs, il acceptait une coopération utile ; mais il acceptait comme un maître, et non comme un complice.

— Et songe bien, Lafleur, que je t'attends avec une impatience...

— Ah ! permettez, monsieur le Vicomte... ne comptez sur moi ni ce soir, ni demain peut-être !... Dans ces sortes d'entreprises, on sait quand on part, on ne sait pas quand l'on revient... Il m'est arrivé, étant ainsi sur la piste d'une jolie fille pour le compte de mon maître, de rester un mois en chasse... les marches et les contremarches demandent souvent bien du temps ; et il n'est pas de vie plus accidentée que celle d'un poursuivant d'intrigues... Je commence la comédie et ne sais point encore combien elle aura d'actes... Attendez-moi.

— Va... et abrège!

Lafleur était parvenu en partie à son but. En évoquant tout à coup, par une fiction ingénieuse, le fantôme d'une parente qui n'avait jamais existé, il avait intéressé la passion du vicomte, et avait pris sa part de ses secrets; mais ce n'était là que la moitié de la besogne : il lui fallait maintenant, pour assurer son influence, réussir dans le plan qu'il avait conçu : ce n'était point facile; la maison de la mère Gigogne était tenue comme un véritable couvent; et tout le monde s'y prêtait force et appui pour bien faire; mais l'esprit de maître Lafleur était fertile en ressources.

Il alla tout d'abord reconnaître la place; puis, après avoir bien pris ses mesures, il eut recours à un stratagème assez original. Il se déguisa en femme et se présenta à la mère Gigogne comme la *duègne* d'une troupe comique allemande qui était venue quelques mois auparavant donner sans aucun succès des représentations à Paris. Selon la pseudo-Allemande, ses camarades l'avaient abandonnée, et elle se trouvait sans moyens d'existence sur le pavé de la Capitale. Les artistes aiment à s'entr'aider, ils ont le cœur sur la main. La mère Gigogne accueillit l'Allemande, lui donna une place à son feu et à sa table, et lui confia des fonctions très douces dans l'intérieur de son théâtre. Elle était chargée de tenir compagnie aux demoiselles Durantin, et de les surveiller le soir dans les coulisses. Bientôt la mère Gigogne poussa la confiance jusqu'à permettre que l'Allemande la remplaçât pour accompagner Marie et Flanquette lorsqu'elles allaient faire quelques emplettes dans le quartier. Lafleur attendait pour agir que la courroie fût encore un peu plus lâchée. Il avait vu avec une certaine inquiétude l'essai que Jacquinet avait fait maintes fois devant lui de ses forces extraordinaires ; et en cas de malheur, il aimait tout autant ne pratiquer son industrie qu'à une distance assez grande de cet Alcide de la foire Saint-Laurent.

Enfin une occasion se présenta.

Le théâtre des *Variétés-Françaises* préparait

la représentation d'un opéra-comique, sur lequel *l'administration fondait les plus grandes espérances.* Quoique le luxe des costumes ne fût pas encore poussé au point où il est aujourd'hui, Marie devait se parer d'une robe de brocard d'or et d'une écharpe de semis d'argent. Le choix de ces objets n'était pas d'une médiocre importance, et avait déjà excité bien des débats et des controverses dans la petite famille. Enfin l'on décida à l'unanimité qu'ils ne pouvaient être choisis que par Marie elle-même, et qu'il était impossible de les acheter autre part que chez madame Mathieu, marchande d'étoffes de la cour, rue Saint-Honoré, près le Palais-Royal.

— Marie... dit la mère Gigogne, notre pièce sera jouée dans trois jours... nous n'avons plus de temps à perdre... Je suis retenue au théâtre pour la pose des décors... Tu iras demain chez madame Mathieu, avec l'Allemande, et tu prendras ce dont tu as besoin... Épargne l'argent, mais fais-toi belle...

— C'est bien, ma mère.

L'Allemande laissa échapper un petit sourire qui aurait sans doute paru suspect à la mère Gigogne, si elle avait été moins préoccupée des apprêts de son opéra-comique en trois actes.

Le lendemain, une fois les acquisitions faites dans la rue Saint-Honoré, et au moment où il s'agissait de reprendre le chemin de la foire Saint-Laurent, Lafleur frappa le grand coup. Il montra à la jeune fille la lettre du vicomte.

Marie était une de ces natures aimantes, qui ne calculent jamais, et qui ont des inspirations de premier jet.

Elle dit à Lafleur :

— Conduisez-moi vers lui.

Lafleur la conduisit dans un petit pavillon du faubourg Saint-Antoine, qu'il avait loué tout exprès, et où le vicomte, prévenu, l'attendait avec une anxiété bien vive.

L'accueil du vicomte fut aussi franc que la démarche de Marie. Elle se livrait avec confiance, il se donna aussi à elle, et pour toujours. Les serments que se firent ces deux enfants, à la face du ciel et sans témoins, furent plus sincères, plus purs que ceux qui se prononcent devant les hommes, et au milieu des splendeurs d'une alliance hypocrite.

Marie rentra bien émue chez sa mère, toujours suivie par le rayonnant Lafleur.

L'Allemande, qui entrait de plus en plus dans l'intimité de la petite famille, et surtout de la mère Gigogne, trouva assez souvent des prétextes pour sortir avec Marie, si bien que les deux amants purent se voir, sinon autant qu'ils l'auraient voulu, du moins beaucoup plus que ne le demandait la prudence.

Un matin, comme ils sortaient du jardin du Palais-Royal où, malgré les avis de Lafleur, ils avaient assez follement passé une demi-heure ensemble, ils rencontrèrent le chevalier de Villefontaine... Ils coururent d'un autre côté pour l'éviter... mais il y a des journées malheureuses. Marie se trouva tout à coup face à face avec Charles Dupuis. Elle poussa un cri et n'eut que le temps de se jeter dans le carrosse du vicomte qui les attendait là.

Il serait difficile de peindre la surprise de Charles. Il avait reconnu tout à la fois et Marie et le vicomte, de la famille duquel son patron était le notaire, et qui était quelquefois venu à son étude.

— Voilà donc celui qu'elle aime et qu'elle m'a préféré ! s'écria-t-il douloureusement; et elle en est déjà aux rendez-vous et aux sorties ! Mais la malheureuse enfant est perdue ! Oh ! je sais ce que l'honneur m'ordonne de faire, et je le ferai !

De son côté le chevalier disait :

— Diable ! diable ! le petit cousin a été vite en besogne ! Tandis que moi je n'ai encore reçu qu'un soufflet et plusieurs coups de bâton, sans compter les morsures de dogues, il triomphe à la face de tout Paris... C'est désolant pour mon amour-propre... car enfin je suis l'aîné de trois ans, et je me suis déjà fait connaître par mes conquêtes amoureuses dans

Limoges et dans ma province du Limosin!
Vrai! je suis mécontent de moi!

Nous verrons bientôt ce que cette double rencontre devait produire.

V

Les Suites.

— C'est bien monsieur le vicomte de Froulay que j'ai l'honneur de saluer dans ce moment?

— Lui-même, Monsieur... Et qui ai-je le plaisir de recevoir chez moi?...

— M. Charles Dupuis, avocat au parlement.

— Je ne croyais pas avoir d'affaires assez sérieuses pour mériter une pareille visite.

— Vous vous trompez, monsieur le vicomte... L'affaire qui m'amène ici est fort sérieuse...

— Parlez, Monsieur...

— Mon père et celui de la jeune Marie...

— Marie !

— Oui... monsieur le Vicomte... Marie... celle que vous avez séduite !

— Monsieur...

— Je sais tout... écoutez-moi... Mon père et celui de Marie étaient unis par la plus tendre amitié... Je fus pour ainsi dire élevé dans cette respectable famille des Durantin; et après la mort de son chef, je me regardai comme son protecteur naturel, comme son appui... Je suis chargé de ses intérêts les plus chers : tout ce qui l'afflige m'afflige; tout ce qui blesse son honneur blesse le mien... Monsieur le vicomte, je vous ai rencontré hier au Palais-Royal avec la jeune Marie... Le degré d'intimité qui régnait entre vous ne pouvait échapper à l'œil le moins exercé... Vous n'en étiez pas tous deux à votre première faute... Marie est compromise, déshonorée !...

Que prétendez-vous faire, monsieur le vicomte?...

Cette question prenait le vicomte un peu au dépourvu. Jusque-là il s'était laissé aller à sa passion, sans en bien prévoir les conséquences. Il parut embarrassé.

— Oh! je connais les habitudes des gens de votre caste, reprit vivement Charles dans son indignation et sans donner au vicomte le temps de s'expliquer; on perd une pauvre fille sans fortune et sans nom... puis après l'avoir flétrie, on l'abandonne, on la jette à qui veut la prendre... Mais, grâce au progrès du temps, ces excès sont bien près de leur terme... et cette fois il n'en sera pas ainsi, je vous jure!...

A ces mots le vicomte releva fièrement la tête, et dit sur le ton d'une colère concentrée :

— Pour que vous ayez le droit, Monsieur, de parler ainsi en ma présence, il faudrait que j'eusse reconnu la légitimité de votre mission... et nous n'en sommes point encore là...

— Lors même que je me serais imposé cette

mission moi-même je saurai la poursuivre jusqu'au bout...

— Quelque amour contrarié sans doute ?

— Je jure devant Dieu que l'amour oublié a fait place au devoir... mais j'irai jusqu'au bout.

— Du scandale !...

— Oh ! je sais trop bien que les moyens d'en faire nous échappent... d'ailleurs je reculerais devant eux !... Une pauvre comédienne séduite demander devant les tribunaux réparation de son honneur à un jeune et brillant gentilhomme ! oh ! il n'y aurait pas dans notre gai pays de France assez de ridicule pour nous en couvrir, assez de brocards pour nous en accabler...

— Que voulez-vous faire ?

— Vous forcer à sauver Marie.

— Vous êtes fou !

— Le hasard m'a rendu maître de votre secret... je dois, je veux le révéler à la mère de la malheureuse enfant ! Mais je lui dirai en même temps et la honte et la réparation : je m'attacherai à vos pas, et si nous sommes désarmés devant le préjugé, il reste encore à un homme de cœur des ressources pour obtenir ce qu'on lui refuse...

— Des menaces !

— A quel parti vous arrêtez-vous ? Consentez-vous à sauver Marie ?

— Devant la menace je garde le silence !

— Alors un duel...

— Quel caractère avez-vous pour me le proposer ?

— Je vous hais et je vous méprise...

— Monsieur !..... je suis à vos ordres...

— Partons !...

— Dans une heure je serai derrière le rempart de la Bastille.

— C'est bien...

Le vicomte courut chez Villefontaine...

— Viens avec moi, cousin...

— Où ça ?.... à la foire Saint-Laurent ?.... j'en ai assez... et je voudrais que tu pensasses comme moi...

— Viens avec moi, te dis-je !... et trève de réflexions...

— Je te suis... Où me conduis-tu ?

— Derrière le rempart de la Bastille...

— Pourquoi faire?

— Je me bats...

— Tu te bats?... et avec qui?...

— Avec je ne sais quel avocat au parlement...

— Un avocat qui se bat!... jamais je n'ai vu ça dans ma province du Limosin!...

— Mais cet avocat-là a du sang dans les veines...

— Que lui as-tu donc fait?... Aurais-tu par hasard marché sur sa robe noire?...

— Ne m'interroge pas davantage!...

— Ah! quel trait de lumière!... c'est cela!... tu vas te battre pour la comédienne!

— Cela ne te regarde pas...

— Soit... mais enfin... un gentilhomme comme toi... comme moi... ne doit pas aussi facilement tirer l'épée avec un homme de rien...

— Lors même qu'il aurait été insulté par lui?...

— Lors même qu'il aurait été insulté par lui...

— Cousin... as-tu souvent tiré l'épée dans ta province du Limosin?...

— Jamais...

— Je m'en doutais...

— Et tu t'affiches pour une comédienne?...

— Tais-toi!...

— Que tu as vue en passant, et que tu oublieras demain...

— Je ne l'oublierai jamais...

— Hein?

— Je l'aime comme un insensé!

Ces mots furent dits avec tant de chaleur et d'âme, que Villefontaine en resta tout stupéfait. C'était pour lui une révélation. Il commençait à croire qu'il pourrait bien y avoir quelque chose de sérieux dans cette amourette.

Les deux cousins trouvèrent derrière le rempart de la Bastille Charles Dupuis et son témoin. Ce dernier était un clerc de la Bazoche, qui paraissait se trouver pour la première fois à pareille fête, et n'était pas plus rassuré que Villefontaine.

Les adversaires croisèrent le fer. Charles

n'était pas de très belle force à cet exercice ; il avait beaucoup plus souvent manié la plume que l'épée. Le vicomte, qui n'en voulait pas à sa vie, le désarma deux fois : au troisième engagement, Charles, qui était devenu furieux et allait en avant tête baissée, s'enferra lui-même et tomba sur le gazon, le haut de la poitrine traversé de part en part par l'épée de son antagoniste. Heureusement, la blessure n'était point dangereuse, — une abondante saignée, et voilà tout ; ce qui n'empêchait pas le clerc de la Bazoche de jeter les hauts cris, et Villefontaine d'avoir des éblouissements et un tremblement nerveux dans les jambes.

Le vicomte, qui avait fait six mois de guerre en Amérique, et qui avait quelque habitude des coups donnés et reçus, s'approcha de Charles, s'assura de l'absence du danger, puis tendit la main à son adversaire en lui disant :

— Maintenant, Monsieur, que je rentre dans ma pleine liberté, je vous promets de voir aujourd'hui même la mère de mademoiselle Marie...

Il mit son carrosse à la disposition du clerc de la Bazoche èt s'éloigna avec Villefontaine.

— Ah ça! lui dit Villefontaine, que disais-tu donc à ce pauvre diable, et que peut lui importer que tu voies la mère de cette Marie, ou que tu ne la voies pas? je n'y comprends plus rien...

— Tu n'as pas besoin de comprendre...

— Prends bien garde, mon cher vicomte, prends bien garde à ce que tu vas faire! Tu m'as l'air d'être dans les imprudences jusqu'au cou...

— Mes affaires ne sont pas les tiennes, cousin...

— Tu as raison... mais enfin...

— Assez... je te prie...

— Tu ne sais pas, cousin... mais il m'est venu en tête une singulière idée... je crois que tu es encore plus roué que moi, et que tu te moques de tous ces gens-là avec le plus beau sang-froid du monde... hein?

Le vicomte ne répondit rien.

Villefontaine n'avait mis en avant cette supposition que pour sonder son cousin. Son silence et son sérieux l'inquiétèrent très vivement.

En arrivant chez lui, Charles Dupuis avait fait appeler madame Durantin, et lui avait tout raconté.

Marie avoua sa faute à sa mère avec une ingénuité fort grande; et celle-ci vit dans cet amour tant de confiance, d'abandon et d'innocence, qu'elle n'eut vraiment pas la force de lui dire tout ce que les mères disent en pareil cas. Mais c'était une femme de cœur et de tête, et elle réserva sa colère pour la tourner contre le vicomte, dans le cas où il ne se conduirait pas d'une manière honorable.

— Que va-t-il m'offrir? disait-elle, de l'argent peut-être? un train de maison? un équipage?... Ces grands seigneurs n'en font jamais d'autres. Dieu merci! la mère Gigogne n'est pas connue dans le quartier Saint-Martin pour faire ce métier-là! Je n'ai point encore eu à rougir jusqu'ici et je ne veux pas rougir. Mais que va-t-il m'offrir, bon Dieu!

Le Vicomte se présenta devant madame Durantin, et lui dit le plus simplement du monde :

— Voulez-vous m'accorder la main de votre fille Marie ?

La pauvre femme n'était point préparée précisément à cela : les larmes lui vinrent tout à coup aux yeux, et elle n'eut que la force de dire d'une voix entrecoupée de sanglots :

— Ah ! c'est bien... c'est bien, Monsieur... ce que vous faites là !

— Mais, reprit le jeune homme, tout n'est pas fini encore... mon père est sévère et impitoyable... il ne voudra pas entrer, lui, dans mes calculs personnels, dans mes rêves de bonheur... il ne peut voir, et je ne dis pas cela pour vous offenser, il ne peut voir, avec ses préjugés, une telle union d'un œil favorable. Il faudra lui arracher son consentement.

— Je m'en charge, dit tout bas madame Durantin. Il ne résistera pas aux prières d'une mère.

Marie reçut la nouvelle de la demande en mariage avec une joie calme : elle n'avait jamais pensé à cela. Elle s'était abandonnée à l'amour du vicomte, par une sorte de penchant vif et naturel, sans prévision, sans arrière-pensée. Ce qu'il faisait lui paraissait tout simple, et elle ne croyait pas que son bonheur dût en être fort augmenté.

Après une courte conversation avec celle qu'il appelait déjà sa femme, le vicomte alla chercher des nouvelles de Charles Dupuis. Il trouva la mère Gigogne installée au chevet du lit du malade, sur la figure duquel se peignait la satisfaction la plus douce.

Dès que Charles aperçut le vicomte, il lui ouvrit les bras et le tint quelque temps pressé sur son cœur.

C'est ainsi que commencent entre deux hommes de cœur les longues et durables amitiés.

VI

Le marquis de Froulay.

Le marquis de Froulay était un vieux seigneur tout plein d'esprit féodal et de regrets. Il voyait avec une véritable douleur les progrès de l'esprit philosophique et les symptômes de l'agitation populaire. Il disait avec la meilleure foi du monde que si le terrible cardinal de Richelieu n'eût pas anéanti la puissance provinciale de la noblesse et arraché de leurs nids crénelés toutes les familles seigneuriales pour les transporter à la cour, la royauté aurait pu résister avec plus de succès aux assauts du tiers et des vilains.

Ce n'était point un homme à regarder l'ennemi d'un œil froid et découragé, et à renoncer à le combattre. Dans ce siècle de concessions et de lumières, il n'était plus permis à un chevalier de prendre sa durandal, de monter à cheval sans consulter personne et d'aller guerroyer contre les mécréants. On n'en était plus aux inspirations de la force ouverte. La plume prévalait.

— Eh bien ! soit... s'écria l'infatigable vieillard, prenons la plume !

M. de Froulay, pour combattre la secte envahissante des philosophes, s'associa aux économistes qui voulaient sauver la monarchie en reconstituant l'élément féodal par la division de la propriété et en attachant tout le monde à la terre. Il devint l'ami intime du docteur Quesnay et du marquis de Mirabeau, de ce rude batailleur qui avait transporté dans la polémique toute l'ardeur et tout le tumulte des combats.

Mais l'*Encyclopédie* et les fermiers généraux

conjurés battirent vigoureusement en brèche la forteresse des économistes. Elle s'écroula. Le marquis de Froulay, toujours ferme, resta debout sur les décombres comme le juste d'Horace. Il s'enveloppa dans son manteau fleurdelysé et résista au mouvement par l'impassibilité. C'était une eau dormante au milieu d'un océan bouleversé par les orages.

Il ne négligea aucune occasion de protester contre les coteries dominantes. Il appelait M. de Calonne un endormeur et M. Necker un charlatan. Il ne paraissait à Versailles que dans les cérémonies solennelles et alors qu'on mettait religieusement en pratique toutes les prescriptions de l'ancienne étiquette. Son mépris pour les gens nouveaux, et il ne prenait aucune précaution pour le cacher, allait jusqu'à la haine, quoique son cœur fût bon; toutes les fois que ses préjugés étaient froissés et heurtés, il entrait dans de véritables colères et poussait tout du pied devant lui.

Brave homme du reste, très aimé de ses vassaux sur lesquels son autorité pesait peu et qu'il accablait de bienfaits. Les créatures de basse extraction, comme il les appelait, qui ne voulaient pas sortir de leur condition, ne trouvaient en lui qu'un protecteur et un maître très indulgent. Mais il était impitoyable pour les déplacements, les mésalliances et les petites ambitions.

Étudiez-le... vous l'avez devant les yeux. Il est seul dans sa bibliothèque, où il lit une vieille chronique toute remplie des hauts faits de ses aïeux. Autour de lui, le long des sombres murailles, se dressent des trophées d'armes et des armures du moyen-âge. Voilà le portrait d'un Froulay qui a accompagné Louis IX à Tunis; d'un autre qui a été grand-maître de l'artillerie sous Henri II; d'un autre qui est entré dans Paris, par la brèche, avec le Béarnais. Au milieu de tels souvenirs, son âme s'exalte et s'irrite.

Sa belle et grave physionomie est un digne tableau pour un pareil cadre. Des cheveux blancs pendent sur ses épaules voûtées. Une noble tristesse répand son voile sur ses traits. Ce vieillard porte sur toute sa personne le deuil de la monarchie expirante.

Du bruit se fait entendre derrière la tapisserie. Le chevalier de Villefontaine paraît et s'avance timidement.

Si le marquis de Froulay est l'image la plus parfaite de la noblesse, le chevalier de Villefontaine en est la caricature.

Il paraît petit et rabougri au milieu de ces grandes évocations du passé. Le chevalier est bien le type de cette caste dégénérée, perdue, appauvrie, qui au milieu de la fièvre du dix-huitième siècle s'attache à ses priviléges uniquement parce qu'ils lui procurent plaisirs, honneurs et richesses, et ne fait rien pour les défendre.

Il aurait fallu beaucoup de marquis de Froulay pour sauver la monarchie ; mais il y avait trop de chevaliers de Villefontaine pour la perdre.

— Ah ? c'est vous..... Chevalier..... et mon fils ?

— Sorti depuis ce matin !

— Je ne le vois plus..... pourquoi n'êtes-vous pas ensemble ? Vous devriez avoir sur lui quelque influence.....

— Il m'échappe.....

— Fréquenterait-il les salons à la mode?... Donnerait-il dans les nouvelles idées?... Déjà, à peine âgé de dix-huit ans, il a fui la maison parternelle pour aller en Amérique avec M. de La Fayette, ce singulier marquis!... Je crains bien que l'héritage des bonnes doctrines ne passe pas de moi à mon fils avec le reste!

— Plût au ciel que le cher cousin ne s'occupât que d'états-généraux, de constitutions et autres billevesées!...

— Que voulez-vous dire, Chevalier? Connaîtriez-vous pour moi un plus grand malheur que de voir mon fils frayer avec la canaille, déserter son drapeau, quitter les marches du trône sur lesquelles il doit mourir en combattant les ennemis du Roi, et jeter au loin notre vieille épée de Marignan et de Dreux pour suivre des bavards et des faiseurs de systèmes?

— Certes... ce serait là un grand malheur... mais enfin...

— Expliquez-vous donc!

— Le vicomte aime une comédienne!

— Le bel événement ! reprit le marquis en souriant ; nous en avons tous été là à son âge... Je me souviens, moi-même, d'une certaine Florence... C'était sous la régence, pardieu ! et grâce à monseigneur le duc d'Orléans, je fus presque apparenté avec la famille royale... Ce n'est rien... cela se passe avec les années... Bon sang ne peut mentir !

— Mais il s'est battu hier en duel pour elle.....

— Et où avez-vous vu qu'un Froulay ne tirait pas le fer hors du fourreau quand il le fallait ?

— Mais il s'est battu avec un roturier qui voulait probablement épouser la donzelle... et puis il m'a parlé d'elle en termes si chaleureux que... ma foi !... j'ai préféré vous avertir, mon oncle, me mettre à l'abri de tout reproche... car...

— Mon neveu, vous êtes un sot !... s'écria vivement le marquis qui avait deviné la pensée du chevalier, et sur le front duquel une subite rougeur s'était étendue.

Un domestique vint avertir le marquis de

Froulay qu'une femme bourgeoise demandait à lui parler.

On la fit entrer.

Cette femme était mise d'une manière assez ridicule. Sa robe, de couleur ponceau, se mariait grotesquement avec son grand chapeau jaune à la nouvelle mode. Un ridicule énorme pendait à son bras, et sa main était armée d'une petite ombrelle à longue canne.

Le marquis l'examina avec une sorte de curiosité inquiète et moqueuse; et elle-même parut un instant embarrassée. Mais elle se rassura bientôt, et dit sans attendre qu'on la fît asseoir :

— Je viens, monsieur le Marquis, vous voir en raison d'une affaire grave; et, pour ne pas perdre de temps, je vais vous mettre de suite les choses sur le tapis. Je suis la veuve Durantin, dite la mère Gigogne, directrice du théâtre des *Variétés-Françaises* et mère de treize enfants. Mon bijou, mon diamant, ma chère Marie a eu le malheur d'écouter les doux propos de votre fils, M. le vicomte de Froulay.

Du reste, je n'ai pas à me plaindre du jeune homme. Il a honorablement offert un mariage. Maintenant, tout ne dépend plus que de vous. Je sais qu'une pareille alliance a bien quelque chose d'extraordinaire au premier abord ; mais vous pouvez prendre tous les renseignements que vous voudrez à la foire Saint-Laurent. On vous dira qu'il n'y a pas de plus honnête famille que la famille Durantin et qu'elle a toujours marché droit. Dieu merci! Il n'y a rien à dire sur son compte. Je donnerai à ma fille dix bonnes mille livres de dot. Que voulez-vous donc de plus ?

Pendant ce petit discours de la bonne femme, le marquis avait tour à tour pâli et rougi. Il s'était levé à plusieurs reprises, comme pour faire un pas vers la veuve Durantin, puis il s'était laissé retomber sur son fauteuil, suffoqué par la colère. Quand elle eût fini de parler, il trouva enfin la force de se tenir debout et s'écria d'une voix entrecoupée et avec un geste furieux :

— Chevalier ! Chevalier !... faites sortir... cette... femme!...

— Comment? faites sortir cette femme! Apprenez qu'on n'a jamais ainsi traité la mère Gigogne!

— La mère Gigogne! la mère Gigogne!... criait le Marquis hors de lui.

— Oui... la mère Gigogne, qui n'a jamais rien demandé à personne, et que vous avez tort de mépriser ainsi... car on a souvent besoin de plus petit que soi !

— Chevalier... ordonnez à cette femme de sortir... pour l'amour de Dieu ! je ferais quelque malheur !

—Oh! vous ne m'effrayez pas! Je sors... mais, écoutez-moi bien : ce mariage se concluera malgré vous, et vous n'aurez après cela que la peine de donner votre consentement, qui cette fois viendra trop tard. Je vous le jure, foi de mère Gigogne !

— La mère Gigogne! la mère Gigogne ! répétait toujours le Marquis en écumant de rage.

La mère Gigogne rencontra à la porte de la bibliothèque Lafleur, qui venait prendre les ordres du Marquis. En le voyant elle recula de deux pas ;

— Mais, je ne me trompe pas, c'est mon Allemande !... Jour de Dieu ! je ne m'étonne plus maintenant si ma pauvre enfant faisait depuis quelque temps de si longues promenades, et si, malgré toutes ses bonnes qualités, elle a été facilement trompée : elle était victime d'une odieuse intrigue. Ah ! laquais de malheur, je t'apprendrai à te servir de déguisements pour porter le trouble dans d'honnêtes familles ! Tiens !

Et elle appliqua sur la joue de Lafleur un soufflet si vigoureux, que le Mascarille tourna deux ou trois fois sur lui-même et ne s'arrêta qu'au moment où elle n'était déjà plus là.

Cette courte scène avait donné le temps au Marquis de reprendre ses sens et de revenir un peu à lui. Sa colère avait enfin une direction, et n'en était que plus violente. Il éprouvait le besoin de l'épancher. Il saisit sa canne et dit à Lafleur d'un ton menaçant :

— Comment, drôle ! tu t'es donc aussi mêlé de cette intrigue, toi ?...

— Eh ! mon Dieu ! dans l'intérêt de votre fils !...

— Dans l'intérêt de mon fils!

— Oui... pour l'occuper!... mais je croyais que ce n'était qu'une bagatelle... et je ne me serais jamais attendu à ce que cela devînt chose sérieuse.

— Ah! tu t'es mêlé de cette intrigue!

Le vieillard, retrouvant son ancienne vigueur, laissa tomber sur les épaules de maître Lafleur une grêle de coups. Celui-ci, protégé par le Chevalier, parvint enfin à s'échapper en jetant les hauts cris; et il fit retentir les corridors de l'hôtel de ses gémissements.

Arrivé dans sa chambre, il s'enferma par précaution, et après s'être bien frotté les joues et les reins, il s'écria sur le ton plaintif et langoureux des poètes élégiaques :

— Hélas! hélas! je n'ai pas de bonheur aujourd'hui! J'ai quitté la foire Saint-Laurent à la course, et après avoir reçu plusieurs coups de pied, quelque part, du gigantesque Jacquinet, qui me soupçonnait fort depuis longtemps de n'être pas une femme, et qui n'a pas apprécié à sa juste valeur le service que j'ai rendu à sa jolie sœur; la mère me donne un soufflet qui m'a laissé croire pendant cinq minutes à une illumination générale; M. le Marquis me fait l'honneur de me rouer de coups de canne. Décidément je renonce à faire revivre les valets d'autrefois et à filer des intrigues amoureuses; le métier ne vaut plus rien. Je quitte le service des grands seigneurs : les grands seigneurs s'en vont.

Et Lafleur, après avoir fait son très léger paquet, quitta l'hôtel en emportant la bourse de son maître et quelques diamants.

Un coquin habile ne se laisse jamais prendre sans vert.

VII

Saint-Sevrin.

Le vicomte redoutait son père. Quand il eut appris par madame Durantin, dont il n'avait pas connu d'avance le projet, les détails de l'entrevue qui avait eu lieu entre elle et lui, il n'osa pas s'exposer à l'indignation du Marquis. C'était un esprit ferme, résolu, courageux, mais qui ne savait pas compter la voix du sang pour peu.

Cependant, comme son parti était pris, et qu'il sentait bien qu'aucune remontrance ne pourrait l'y faire renoncer, il jugea tout nouvel effort inutile.

Il se contenta d'écrire à M. de Froulay la lettre suivante :

« Mon père,

« J'épouse Marie ce soir. Je sais tout ce que
« vous pourriez me dire contre cette union.
« Et que ne me suis-je pas dit moi-même?
« Mais il y a quelque chose de plus fort que
« l'orgueil, que le devoir, que la raison...
« quelque chose de plus fort qu'un père.

« Je quitterai la France pendant quelque
« temps avec ma femme pour laisser à votre
« colère le temps de s'apaiser. Le plus beau
« jour de notre vie sera celui où vous nous ou-
« vrirez vos bras.

« Louis, vicomte DE FROULAY. »

Un prêtre, ami de Charles Dupuis, et qui partageait les doctrines des partisans de l'émancipation et de la liberté, avait promis d'unir les deux jeunes gens en secret. Il appartenait à la paroisse de Saint-Sevrin, et il eût été impossible de choisir une église qui, par sa situation populaire et son éloignement des quartiers habités par la noblesse, pût mieux favoriser le mystère de cette union si disproportionnée.

Le vicomte et Marie se rendirent le soir à Saint-Sevrin avec Charles Dupuis et un autre avocat de ses amis. Ils furent mariés devant un petit autel de la Vierge, et au moment où, heureux et les bras entrelacés, ils sortaient du temple saint et s'apprêtaient à gagner la chaise de poste qui devait les emporter vers la frontière des Pays-Bas, ils furent arrêtés par un exempt accompagné de plusieurs soldats de la maréchaussée.

Au reçu de la lettre de son fils, le marquis n'avait pas perdu de temps. Il avait couru chez ses amis de cour, chez les ministres, chez le lieutenant-général de police,—et comme c'était un homme fort estimé et fort considéré, il avait obtenu sans peine un double ordre d'arrestation et les moyens de le mettre à exécution.

Les agents, excités par lui, se lancèrent à la piste et finirent par apprendre l'heure du mariage et découvrir l'endroit où il devait avoir lieu. Mais tout cela leur avait demandé du temps, et ils arrivèrent trop tard à Saint-Sevrin.

Les lettres de cachet furent mises à exécution dans toute leur rigueur.

Le vicomte fut enfermé à la Bastille, et Marie jetée à l'Hôpital-Général. La distance des rangs, que le peuple vainqueur devait bientôt fouler aux pieds, était encore pleinement observée, même pour les punitions. Le gentilhomme dans une prison d'État, — douce, commode et honorable prison; la jeune fille du peuple dans l'asile de la honte et de la misère, où elle aurait pu se flétrir, si dans certaines âmes il y avait place pour la flétrissure.

Quand le vicomte connut le sort qui avait été réservé à la malheureuse Marie, il entra dans une fureur et un désepoir inexprimables. Il écrivit à son père lettres sur lettres dans lesquelles il descendait aux prières les plus humbles et qui respiraient tour-à-tour l'abattement et l'indignation. Il ne reçut pas de réponse, et la pauvre fille n'obtint aucun soulagement. Le marquis se montra inexorable

De son côté, la mère de Marie, pauvre femme qui s'accusait de tant de malheurs, frappa à toutes les portes pour obtenir la délivrance de sa fille ; elle alla à Trianon se jeter aux pieds de la Reine : « Rompez ce fatal mariage, s'écriait-elle dans sa douleur, mais rendez-moi ma fille ! » Toutes ses prières furent inutiles. Le marquis de Froulay exerçait en tous lieux une influence qui n'est jamais refusée aux hommes d'un caractère élevé et sombre, d'un génie reconnu, mais non éprouvé, qui vivent à part, dans leur antre, dans un exil volontaire, loin de la puissance et des grandeurs, alors qu'ils pourraient prétendre à tout. Le marquis avait donné le signal des rigueurs ; lui seul pouvait y mettre un terme.

La liberté devait venir aux deux pauvres enfants d'un pouvoir bien plus haut et bien plus fort.

VIII

Tempête.

La révolution avait marché. On n'en était déjà plus aux discours et aux phrases. Le temps des hommes d'action était arrivé. Le peuple, ce robuste joûteur, s'était mis de la partie, et son intervention, quelquefois brutale et passionnée, souvent rude et énergique, précipitait les événements.

C'était par une belle journée de juillet 1789. Une agitation extraordinaire se faisait remarquer dans les rues de Paris. Çà et là se montraient des hommes armés de piques, de bâtons, de barres de fer, qui semblaient courir à un rendez-vous convenu. Des femmes les suivaient et les encourageaient.

Tout-à-coup un cri immense retentit dans la cité : « A la Bastille ! à la Bastille ! »

C'était là véritablement le signal de la révolution ! Le peuple osait enfin faire entendre sa voix au milieu de ce grand silence qui régnait depuis deux siècles autour du trône de Louis XVI.

« A la Bastille ! à la Bastille ! »

Et la foule, semblable à ce flot puissant qui vient, dans les jours d'orage, se briser avec fracas sur la grève, après avoir balayé tout ce qu'il rencontrait devant lui, roula vers la vieille forteresse féodale.

A tout moment, de nombreuses recrues venaient grossir le houleux bataillon. A mesure qu'il avançait, les carrefours, les rues, les maisons vomissaient dans son sein de nouveaux combattants. C'étaient des ouvriers, des bourgeois, des soldats, et l'uniforme des gardes-françaises brillait au milieu des vestes populaires !

« A la Bastille ! à la Bastille ! »

Charles Dupuis était là avec de nombreux amis, avec toute la tumultueuse jeunesse du Palais ; il marchait au premier rang. A côté de lui était le prêtre de Saint-Sevrin, dont il tenait la main dans la sienne. Un enthousiasme noble et pur se reflétait sur leurs physionomies. Ils allaient remplir un devoir sacré.

« A la Bastille ! à la Bastille ! »

Lorsque le peuple arriva devant ces murs noircis par le temps, et qui avaient étouffé tant de gémissements et de cris de douleur, il y eut un moment d'émotion. Puis l'indignation reprenant le dessus, la verve révolutionnaire s'échauffant et s'exaltant, l'ouragan fondit sur sa proie.

Ce fut une heure grave et solennelle!

La Bastille ne se défendit pas plus longtemps que ne pouvait se défendre la Bastille contre le peuple au 14 juillet 1789. Bientôt ses portes s'ouvrirent et la foule se répandit dans ses vastes cours, dans ses sombres corridors, dans ses cachots séculaires. Les prisonniers, victimes épuisées, fontômes pâles et décharnés, sortirent de la nuit des tombeaux et furent portés en triomphe à la clarté de ce soleil qu'ils ne croyaient plus revoir.

Après les premiers moments donnés à l'ivresse de la grande victoire populaire, Charles Dupuis avait tout à coup pensé à ce malheureux jeune homme qu'il n'avait vu qu'un instant, et vers lequel il se sentait porté par une sympathie irrésistible. Il cherchait de tous côtés le vicomte de Froulay pour lui annoncer l'heure de la délivrance, pour lui faire entendre le premier le cri de liberté. Mais il le cherchait en vain; car ce n'était point là qu'il devait le revoir.

Dès que les portes de la forteresse avaient été ouvertes, le vicomte de Froulay s'était précipité au dehors avec une sorte de fièvre. Il courut du côté de l'Hôpital-Général; dans cet instant, le sort de Marie occupait seul toutes ses pensées.

Mais quelle fut sa terreur lorsqu'il approcha du triste édifice ! L'Hôpital était en proie à toutes les horreurs de l'incendie. Le bruit de l'insurrection du dehors avait pénétré dans ses murs. Les malheureuses captives s'étaient émues, et l'une d'elles, dans un paroxisme de rage, avait mis le feu à sa cellule.

Le fléau avait fait des progrès rapides et avait dévoré en quelques minutes tous ces vieux bâtiments qui menaçaient ruine, et que le bois et la charpente étayaient de toutes parts.

Horrible spectacle ! les pauvres prisonnières en fuyant l'atteinte du feu, trouvaient une barrière élevée par la sauvage consigne des geôliers : d'un côté, les flammes, de l'autre, les bayonnettes ; partout la mort !

Pendant quelque temps on entendit des cris affreux poussés par ces malheureuses créatures qui, toutes vivantes, se débattaient dans l'agonie ; puis rien.

Le vicomte se jeta dans les décombres fumants encore ; il courut çà et là, il appela

Marie d'une voix déchirante. Le silence de la mort lui répondit seul.

Un spectateur lui affirma que toutes les prisonnières avaient dû périr, que pas une d'elles ne s'était échappée.

Oh! qui pourrait peindre la sombre et morne douleur à laquelle il fut alors en proie! Longtemps il resta les yeux fixés à terre, la tête penchée, les bras pendants, — fidèle image du muet désespoir. Puis les larmes et les sanglots se firent jour; il confondit dans un effroyable blasphème la justice des hommes, son père, le ciel... puis, frappé d'une idée subite, il se mit à courir comme un fou.

A peine avait-il fait quelques pas, qu'il fut arrêté par un individu dont la figure était excessivement pâle, et dont les dents claquaient de manière à imiter le tic-tac du moulin.

— Ah! c'est toi, cousin...

— Laisse-moi...

— Les enragés t'ont délivré.... moi, tout ce bruit m'effraie... je retourne dans ma province du Limosin que je trouverai sans doute plus tranquille...

— Laisse-moi, te dis-je...

— Je quitte ton père... il s'attend à chaque instant à te revoir...

— Je n'ai plus de père....

— Ta famille...

— Je ne tiens plus à rien.... mon nom même me pèse...

— Et Marie...

— Elle est morte...

— Tes yeux sont hagards... tu m'effraies... où vas-tu ?...

— Dans les Pays-Bas... à Bruxelles... là où on combat déjà pour la liberté...

— Mais la France...

— Je reviendrai quand elle auras besoin de mon bras... laisse-moi... laisse-moi !

Il s'arracha des mains du chevalier et continua sa route à grands pas. Celui-ci aurait bien voulu le suivre, pour mettre encore obstacle à ses projets, mais ses jambes tremblantes lui refusaient le service. A chaque nouvelle explosion de fusillade dont le vent apportait le bruit à son oreille, il était sur le point de tomber à genoux sur le pavé. Il eut à peine la force d'appeler un fiacre qui passait, et se fit transporter ainsi jusqu'à sa chaise de poste, qui l'attendait près de Mont-Rouge.

Pendant ce temps-là une autre scène se passait à la foire Saint-Laurent.

La mère Gigogne, entourée de ses filles et des plus jeunes de ses garçons, était assise devant son théâtre, recueillant avec avidité les nouvelles de l'insurrection qu'apportaient tour à tour à tour des gamins et des commères du quartier qui allaient en quête. Elle tremblait pour la vie de ses fils aînés qui, eux aussi, étaient allés faire le siége de la Bastille. D'un autre côté, elle appelait de tous ses vœux le succès populaire, car il devait lui rendre deux êtres qu'elle aimait maintenant d'une tendresse égale.

Tout à coup un grand bruit se fit entendre sur la place. Une jeune femme pâle, défaite, couverte de cendres, aux vêtements noirs et tachés de sang, parut, suivie d'une grande foule qui criait : Voilà Marie ! voilà Marie !

Un moment après, la mère Gigogne pressait sa fille sur son cœur.

— C'est toi... Marie! c'est toi.

— Oh! ma mère... un horrible événement! les flammes! des soldats menaçants.... Oh! j'aurais dû mille fois périr! mais je me suis fait jour au milieu des obstacles; j'ai été soutenue par une force surnaturelle! car ce n'était pas ma vie seule que je défendais! je porte dans mon sein un gage de son amour.

— Oh! ma fille!

— Mais Louis... où est-il!

— Il était enfermé à la Bastille... mais la la Bastille est dans ce moment au pouvoir du peuple. Notre ami, Charles Dupuis est là avec tes frères. Nous saurons sans doute bientôt...

La mère Gigogne n'eut pas le temps de finir sa phrase; Charles Dupuis arriva, et sa vue lui imposa silence. Le jeune avocat paraissait triste et préoccupé. La mère Gigogne craignit de l'interroger; Marie trouva sa force dans son amour.

— Qu'est devenu Louis, dit-elle?

— Nous ne l'avons pas trouvé...

— Grand Dieu ! reprit la mère... mais hier encore il était à la Bastille... M. le gouverneur me l'a affirmé.

— Ah ! je devine tout, s'écria Marie. Au milieu du tumulte il aura cherché à recouvrer sa liberté, il aura voulu joindre ses efforts à ceux des assiégeants et les soldats l'en auront puni... vous ne répondez pas !... Ah ! j'ai deviné juste ! ils l'ont tué ! ils l'ont tué !

Et elle tomba évanouie entre les bras de Charles Dupuis et de sa mère. Lorsqu'elle revint à elle, elle les trouva encore au chevet de son lit et leur tendit la main. La résignation se lisait sur son visage. Sa mère l'embrassa, puis s'écria avec feu :

— C'est ce maudit marquis de Froulay qui est cause de nos malheurs, avec son orgueil et sa dureté ! Les temps sont mauvais pour les nobles ! ah ! qu'il ne tombe pas entre nos mains ? Je lui ferais un mauvais parti !

— Ma mère ! se hâta de dire Louise en lui mettant sa main sur la bouche et en la regardant d'un air suppliant... N'oubliez pas que

Louis m'a laissé un gage de son amour et que le marquis de Froulay est père de mon mari.

— C'est bien, Marie, dit l'avocat.

— Tiens, mon enfant, tu vaux mieux que moi, reprit la mère Gigogne en pleurant.

Et elle l'embrassa encore une fois.

IX

Les deux Serviteurs.

Le marquis de Froulay, toujours fier et indomptable, avait refusé jusqu'au dernier moment de fuir devant la révolution. Il avait pris part au 10 août à la défense des Tuileries, et s'était présenté ensuite pour servir de garde-du-corps à Louis XVI. Sa contenance en avait imposé même aux hommes de fer de cette époque. On le laissa quelque temps tranquille. Mais son repos devait être troublé par un ennemi qu'il aurait sans doute méprisé s'il l'avait connu, mais qui n'en était pas moins dangereux pour lui.

Cet ennemi n'était autre que maître Lafleur, devenu le citoyen Caracalla. Lafleur après s'être vautré dans toutes sortes d'intrigues, après avoir fait les plus sales métiers, avait salué avec bonheur l'aurore de la révolution. Là où les esprits généreux voyaient une régénération, lui, il flairait le désordre. Il avait été autrefois le flatteur des grands seigneurs ; il se mit à flatter ces héros de ruisseau que, pour le malheur de la France, le mouvement faisait éclore dans la lie des faubourgs. Il fut l'un des séides de Marat, l'un des admirateurs de Chaumette et d'Hébert. Grâce à la protection de ces grands hommes de l'époque, le citoyen Caracalla devint bientôt l'un des agents principaux de la police politique de la commune de Paris. Comme son activité était infatigable, il profitait des loisirs que lui laissaient ses fonctions pour faire de la révolution à sa manière et en amateur. Il se mêlait à la bande de brigands en bonnet rouge et en carmagnole qui infestaient alors Paris et déshonoraient les plus belles pages de notre histoire. Il mettait à la lanterne les épiciers ennemis du maximum ; il arracha de leur voiture et massacra les prisonniers que l'on transportait de l'Abbaye à Orléans ; il pérorait au club et faisait des motions tout à fait sauvages. Enfin Caracalla était un citoyen remuant, énergique, tout à fait selon le vœu de l'*Ami du peuple* et du *Père Duchesne*.

Vous pensez bien que lorsque Caracalla apprit que son ex-maître, l'ex-marquis de Froulay, était encore dans son hôtel, il ne dormit plus. Il avait encore sur le cœur les coups de bâton qu'il avait reçus jadis sur les épaules ; il trouvait une occasion de faire preuve d'acharnement contre les nobles : enfin il éprouvait pour le marquis l'une de ces haines profondes et instinctives que ressentent ordinairement les caractères rampants et bas pour les caractères grands et élevés.

Caracalla obtint facilement un mandat d'arrestation contre le marquis de Froulay.

Mais si le marquis avait un démon acharné

à sa poursuite, il avait aussi son bon ange qui veillait sur lui.

Ce bon ange était un valet de chambre nommé Sylvestre, qui était resté à ses côtés au moment où tous les autres domestiques l'avaient abandonné, et qui avait redoublé de soins et d'attentions pour lui. Sylvestre était né au château de Froulay; il servait cette famille depuis son enfance.

Sylvestre était le type, aujourd'hui effacé et perdu, de ces vieux serviteurs d'autrefois qui regardaient la maison de leurs maîtres comme la leur, qui faisaient partie de l'intimité domestique, que les pères transmettaient à leurs fils et qu'on n'eût pas plus songé à renvoyer qu'eux-mêmes n'eussent songé à chercher une condition plus heureuse et plus lucrative.

Sylvestre n'avait point le calme stoïque de son maître. Il craignait pour lui la colère révolutionnaire. Aussi avait-il songé à l'avenir. Il s'était ménagé des intelligences dans le quartier, afin d'apprendre à temps si son maître était menacé. Il avait aussi pensé à une retraite où le marquis pût attendre une occasion de fuir. Il avait dans le quartier de l'Hôtel-de-Ville un sien cousin, menuisier de son état, très honnête homme, auquel les événements avaient donné quelque importance, mais qui n'en était ni plus fier, ni plus méchant pour cela. Ce cousin avait vécu autrefois sur les terres du marquis de Froulay et avait conservé une vive reconnaissance pour les bontés de ce seigneur, qui avait chargé son intendant de lui donner les moyens d'aller à Paris et d'y exercer son état. Sylvestre n'avait donc pas craint de s'ouvrir à lui; le brave menuisier avait promis son concours. En cas de péril, le marquis devait se réfugier chez lui sous un nom supposé.

Enfin le hasard lui-même était venu en quelque sorte en aide aux efforts de l'excellent Sylvestre. Un jour qu'il traversait la place de la Révolution, une femme l'avait accosté, lui avait remis son adresse et lui avait recommandé de lui écrire, dès qu'il aurait besoin de quelque secours extraordinaire pour le salut du marquis de Froulay.

Tant de précautions, tant de moyens préparés ne devaient pas tarder à devenir utiles.

Un mois après l'incarcération du roi, Sylvestre, maître Jacques de l'hôtel Froulay, venait de mettre le couvert et était occupé dans la cuisine à servir le potage qu'il avait fait lui-même, lorsqu'un enfant qu'il payait assez grassement pour l'avertir à toute heure du moindre mouvement qu'il y aurait dans les environs, entra précipitamment et en criant :

— Alerte !... alerte !... citoyen Sylvestre !... des gendarmes, conduits par deux ou trois bonnets rouges, se dirigent du côté de l'hôtel... on dit qu'ils viennent arrêter l'ex-marquis de Froulay. Ils vont arriver. Je me sauve par le soupirail de la cave.

Sylvestre courut aussitôt vers son maître.

— Il faut fuir, monsieur le Marquis...

— Moi... fuir !

— On vient pour vous arrêter...

— Qu'ai-je fait ?

— Eh ! mon Dieu ! dans ces malheureux temps, faut-il donc avoir commis un crime pour être exposé aux persécutions ? Les tribunaux révolutionnaires se chargeraient de répondre à votre question... et vous savez comment ils répondent.

— Et pourquoi vivrais-je ? Tout s'écroule autour de moi... je suis seul !

— Conservez-vous pour votre fils .. peut-être existe-t-il encore.

— Mon pauvre fils !

— Venez... venez...

Le Marquis se laissa entraîner par Sylvestre qui le conduisit, à travers les sinuosités du parc, jusqu'à une petite porte sourde donnant sur une rue écartée.

Lorsque le Marquis fut en sûreté chez le menuisier, où il prit un déguisement et passa pour un parent arrivé de province, Sylvestre, qui se serait fait un crime de négliger le moindre moyen de salut, s'empressa d'écrire à la dame de la place de la Révolution.

« MADAME,

« Nous avons besoin du secours que vous
« m'avez si généreusement offert, et que, sans
« vous connaître, j'accepte avec confiance. Il y
« a une heure, mon maître a failli être arrêté.

« Nous sommes pour le moment en lieu de
« sûreté; mais nous avons besoin d'un passe-
« port pour quitter la France au plus tôt. Je
« serai ce soir, à dix heures, sur le quai de la
« Ferraille, au tournant du Pont-Neuf. »

Au reçu de cette lettre, Marie, car c'était elle, courut aussitôt au lieu où les membres de la commune de Paris tenaient leurs séances. Elle demanda le citoyen Dupuis, et fut introduite par Caracalla. Elle ne le reconnut pas à cause de ses épaisses moustaches, de sa longue chevelure et de son bonnet rouge rabattu sur ses yeux; mais lui, la reconnut parfaitement.

— Ah! se dit-il... la comédienne! Il s'agira sans doute de l'ex-vicomte ou de son père! Soyons sur nos gardes!

La révolution avait fait à Charles Dupuis le sort que son talent et ses services lui méritaient. Il était l'un des membres les plus influents de la commune de Paris. Tous les partis admiraient son caractère et respectaient ses convictions. Il était l'un de ces montagnards probes et rigides qui marchaient en avant, mais par le droit chemin, et qui voulaient le triomphe de la révolution par la fermeté et par la justice. Son énergie, en effrayant les ennemis des idées républicaines, avait bien souvent contenu aussi ceux qui voulaient en faire une application barbare et sanglante.

— Mon ami, lui dit Marie, je viens vous demander un important service. Il me faut un passeport pour le marquis de Froulay...

— Oh! plus bas! plus bas!... Comment, il est encore à Paris?...

— Oui... Aidez-moi à sauver un malheureux!

— J'ai toujours eu du respect pour le caractère de ce vieillard, qui nous a combattus par les voies loyales; à son âge, il ne peut plus être d'aucun secours à sa cause. Mais les circonstances difficiles où nous nous trouvons...

— Charles, c'est la première grâce que je réclame de vous... il me faut ce passeport.

— Du calme, Marie; je vais vous le remettre. Ah! vous vous vengez noblement!

— Non... je me souviens; et puis, n'est-ce

pas là un devoir sacré que je remplis envers mon enfant ?

Marie s'enfuit avec le précieux papier. Le citoyen Caracalla la suivit.

Maître Lafleur s'était en effet tenu sur ses gardes et à sa manière; il avait, à travers la porte entrebâillée, écouté toute la conversation de Charles Dupuis et de Marie. Il n'avait pas songé un seul instant à profiter de cette découverte pour dénoncer Charles ; il savait trop bien que s'attaquer, lui petit et méprisé, à l'un des chefs les plus puissants et les plus destinés du parti républicain, c'était se perdre de gaîté de cœur. Le croirait-on sur parole ?—Marie l'occupait fort peu ; — il n'en voulait qu'au marquis de Froulay : et pourvu qu'il pût sacrifier cette victime à son ressentiment et à ses bas instincts, il se tenait pour satisfait.

Le soir même, à dix heures, Marie, accompagnée de sa mère qui n'avait pas voulu la laisser sortir seule à pareille heure, alla au quai de la Ferraille et y trouva Sylvestre qui attendait le précieux passeport. Il était pour la frontière des Pays-Bas, aux noms de M. Durand, fournisseur de la République, et de Jérôme, son domestique. Charles Dupuis, qui connaissait le Marquis, avait porté son signalement exact.

— Tenez, Monsieur, dit madame Durantin à Sylvestre en lui remettant le papier; voilà le passeport qui doit sauver le marquis de Froulay, et dites-lui bien qu'il lui est envoyé par la mère Gigogne.

Et elle appuya sur ce dernier mot.

— Ma mère... reprit Marie d'une voix suppliante, dans un pareil moment...

— La mère Gigogne! répéta deux ou trois fois Sylvestre avec étonnement.

— Oui... la mère Gigogne!... Et maintenant allez, allez, mon brave homme!

Il n'y avait pas de temps à perdre. Sylvestre partit, et un homme qui, dans l'obscurité, avait suivi Marie et sa mère, sans qu'elles s'en aperçussent, se mit à le suivre à son tour.

On attendait Sylvestre avec bien de l'impatience dans la boutique du menuisier. Dès qu'il fut arrivé avec la bonne nouvelle, le Marquis embrassa ses hôtes et se mit en route. Une berline de poste était préparée pour lui depuis trois jours dans une auberge de Saint-Denis.

Sylvestre ne manqua pas de lui dire que le passeport lui était envoyé par la mère Gigogne.

— Ah! oui... je me souviens !... s'écria le Marquis un peu ému; cette femme! Ah... c'est une manière de me punir ! Il y a quelquefois de grands cœurs sous ces grossières enveloppes !

Au moment où les deux fugitifs sortaient de la rue de la Tannerie et débouchaient dans la rue Saint-Martin, le Marquis se sentit tout à coup saisi par le bras, et fut aussitôt entouré par plusieurs hommes armés de piques et de sabres.

— Que me voulez-vous? s'écria-t il en reculant d'un pas.

— Pas de résistance inutile, dit l'un des sbires, tu es l'ex-marquis de Froulay. Ce n'est pas la première fois que nous nous rencontrons.

Sylvestre qui vit son maître reconnu, déchira aussitôt le passeport et en jeta les débris au loin.

— Et moi, reprit le sbire... me remets-tu,

citoyen Froulay? Nous sommes sous une lanterne, regarde bien. .

— Lafleur...

— Dis le citoyen Caracalla !

— Ah ! s'écria le marquis avec un sourire insultant..... cette révolution de brigands était bien digne d'être servie par un coquin tel que toi...

— C'est bon... c'est bon... tu nous paieras tout cela, citoyen marquis, lorsque nous te ferons régler tes-comptes avec Samson. En route, camarades, à la Conciergerie !

X

La prison des Carmes.

Quoique la justice de ce temps-là, justice de guerre et de représailles, allât fort vite en besogne, les dénonciations allaient encore plus vite qu'elle. On avait beau activer la besogne afin de vider les prisons ; elles étaient toujours plus peuplées le lendemain que la veille.

Le citoyen Caracalla avait eu soin de faire transporter l'ex-marquis de Froulay à la Conciergerie, afin, comme il disait dans son langage énergique, que *son affaire fût plutôt faite.* Mais ses prévisions avaient été trompées. Il y avait partout un tel encombrement de prisonniers, que M. de Froulay fut dirigé de la Conciergerie sur l'Abbaye et de l'Abbaye sur la prison des Carmes de la rue de Vaugirard, où se trouvaient en majorité les membres du clergé arrêtés dans les derniers jours.

Le peuple commençait à s'agiter et à mugir autour des prisons. Cette disproportion entre la multiplicité des arrestations et le travail des tribunaux, lui inspirait des soupçons et des craintes; le mot de trahison commençait à circuler. Les succès des Prussiens en Lorraine avait donné une nouvelle force à la fièvre générale. On appelait les citoyens à la frontière. Les partisans du mouvement, ceux qui voulaient dans l'intérêt d'un certain avenir politique engager et le peuple et les législateurs, jetèrent au milieu de la foule émue l'un de ces sophismes aveugles, puissants, absolus, qui produisent tant d'effet sur les masses et qui décident presque toujours les grands événements.

« L'ennemi est sur le territoire sacré ; le devoir de tous les patriotes est de voler au secours de la France. Mais les prisons regorgent de suspects. Les citoyens laisseront-ils derrière eux tous ces ennemis, qui après leur départ associeront leurs efforts à ceux des ennemis du dehors et égorgeront des femmes et des enfants laissés sans défense? Non... non... cela est impossible! Avant de courir aux Prussiens, n'est-il pas indispensable de se délivrer des traîtres? »

Dès que cet argument eût frappé l'imagination du peuple, sa logique inflexible alla jusqu'au bout et les journées de septembre furent décidées.

Il est cinq heures du matin. Une bande de sans-culottes, armés de sabres, de haches et de piques se dirige en silence vers la prison des Carmes. On remarque parmi eux le citoyen Caracalla. Il est entouré de quelques femmes, tricoteuses des clubs naissants, dont il excite et anime la rage. A la tête de la troupe marchent deux ou trois individus mieux vêtus, dont le chapeau est orné d'une large cocarde et qui portent une ceinture tricolore.

Les portes sont enfoncées. La bande, sans écouter la voix de ceux qui veulent arrêter son premier élan, se précipite dans les cours, dans les corridors du couvent, dans l'église qui est ouverte. Là, au pied des autels, ils trouvent les prisonniers qui, après s'être confessés les uns aux autres, s'encouragent mutuellement à la mort. Les premiers coups sont portés ; le sang coule, et des cris étouffés répondent aux chants de triomphe des terribles exécuteurs.

Les chefs parvinrent enfin à réprimer l'ardeur de leurs satellites et à les rappeler à eux ; puis, pour donner à ce massacre une apparence de légalité, ils instituèrent à la porte de la prison une sorte de tribunal populaire, composé de quatre juges et d'un président choisis dans la foule, et devant lequel les prisonniers étaient destinés à comparaître tour à tour. L'interrogatoire devait être bref, le procès promptement instruit, et il était convenu que sur un signal distinct du président, l'accusé serait entraîné au dehors, soit pour être égorgé dans la cour, soit pour être mis en liberté. La même méthode fut suivie, dans ces effrayantes journées, à la

Force, à l'Abbaye, à la Conciergerie, à la Salpêtrière. Le mot d'ordre était donné.

Le tribunal s'installa, et grâce aux formes souveraines et expéditives de sa justice, les exécuteurs recommencèrent aussitôt. Caracalla se tenait derrière le président, et toutes les fois que la porte intérieure s'ouvrait pour donner passage à un nouveau prévenu, il jetait avidemment les yeux de ce côté-là. Il était facile de voir qu'il attendait sa victime.

— Qui va là ?

— Eh ! c'est moi, parbleu, citoyen !

— On ne passe pas !...

La sentinelle, placée à la porte extérieure du prétoire, prononça ces mots d'une façon médiocrement rassurante. Mais la personne qui voulait entrer ne paraissait pas disposée à reculer pour si peu ; elle força une partie de la consigne et montra sa tête par dessus l'épaule du sans-culotte récalcitrant. Cette tête était coiffée d'un énorme bonnet de femme et tout bariolé de faveurs tricolores.

Cette apparition excita un certain mouvement dans l'assemblée.

— Eh! citoyen Scœvola, laisse-la donc entrer... c'est la mère Gigogne de la foire Saint-Laurent... une bonne patriote!... elle vient travailler avec nous!

Scœvola livra passage à la mère Gigogne, qui se présenta dans tout l'attirail des héroïnes de l'époque. Ses manches étaient retroussées jusqu'au coude, elle portait un sabre en bandoulière, et au cou un petit fragment de pierre de la Bastille suspendu à un ruban.

Le citoyen Caracalla, sans pouvoir bien définir la cause du sentiment répulsif qu'il éprouvait, la vit arriver avec un certain déplaisir. Il fit bien quelques efforts pour s'opposer à son admission; mais ses cris furent étouffés sous l'unanimité des manifestations.

Le formidable tribunal continua ses opérations. Caracalla devenait de plus en plus inquiet; mais son agitation n'eut pas de bornes, lorsqu'il s'aperçut que la mère Gigogne n'était plus là. Elle avait pénétré dans l'intérieur de l'édifice.

Il se précipita sur ses traces.

Mais la bonne femme n'avait pas perdu de temps ; elle avait fini par découvrir le marquis de Froulay : il gisait dans l'église sous plusieurs cadavres amoncelés. Sa blessure était légère heureusement ; il n'était qu'évanoui. Les meurtriers l'avaient cru mort. La mère Gigogne le rappela à lui, étancha son sang, pansa sa plaie, puis le conduisit vers une partie du mur du jardin où par ses soins une échelle de corde avait été lancée le matin.

— Allons, monsieur le Marquis... montez... et ne perdez pas un instant !

— Mais ne puis-je savoir, au moins, le nom de ma bienfaitrice ?...

— Montez... montez... vous dis-je !...

Le marquis de Froulay était déjà parvenu sur le couronnement du mur, lorsqu'il porta encore un regard vers celle qui venait de se dévouer pour l'arracher à la mort.

Alors, tirant à elle l'échelle de corde et se haussant sur ses pieds, elle jeta ces mots au fugitif :

— Monsieur le Marquis, je suis la mère Gigogne !

L'étonnement et une sorte d'indignation se peignirent dans les yeux du vieillard. Il fit comme un mouvement en avant; puis, entraîné par les mains amies qui s'étaient tendues vers lui de l'autre côté, il disparut.

La dernière partie de cette scène n'avait point échappé à l'œil scrutateur de Caracalla qui accourait du bout du jardin. Il fit aussitôt retentir l'air de ses cris et appela au secours. Lorsqu'il arriva près de la mère Gigogne, celle-ci, l'oreille dirigée vers la terre, recueillait le bruit déjà lointain des pas de deux chevaux lancés au galop. Puis, se relevant tout-à-coup et la figure rayonnante de joie :

— Il est sauvé ! s'écria-t-elle.

— Et toi, tu es perdue ! dit Caracalla d'une voix de tonnerre.

— C'est ce que nous allons voir, reprit la mère Gigogne sans se déconcerter.

Cependant, aux cris de Caracalla, plusieurs des exécuteurs étaient accourus, le sabre à la main, les bras tout dégouttants de sang et les yeux enflammés par l'ardeur du carnage. Groupés autour de Caracalla et de la mère Gigogne, ils attendaient une explication.

— Il y a parmi nous un traître ! dit aussitôt la mère Gigogne... sans laisser à son adversaire le temps de parler...

— Nomme-le ! nomme-le ! s'écrièrent tous les sans-culottes frémissant de rage.

— C'est Caracalla !...

— Caracalla !...

— Oui !.. il vient de faire échapper l'ex-marquis de Froulay... Voici l'échelle dont il s'est servi... Je suis arrivée trop tard...

— Elle m'accuse ! dit Caracalla qui avait enfin retrouvé la parole et la force de se débattre sous cette accusation inattendue... elle m'accuse, quand c'est elle !...

— Elle ! dit l'un des sans-culottes... la mère Gigogne ! une fameuse patriote, qui a eu un de ses fils tué à la prise de la Bastille !...

— Laissez-le donc dire, reprit la mère Gigogne... Il perd ses phrases, voilà tout !.... Est-ce que le coupable peut être un autre que lui ?... N'a-t-il pas été, pendant long-temps, au service de l'ex-marquis de Froulay ?... Il aura voulu dérober à la justice du peuple son ancien maître... un aristocrate... voilà tout...

— Mais c'est vrai ça... qu'il a été au service des ex-Froulay, dit un gros homme qui était là... Je suis marchand de vins dans le quartier où était situé leur hôtel, et je reconnais parfaitement ce particulier-là... Il s'appelait Lafleur... c'est un royaliste d'antichambre...

L'orage grossissait de moment en moment sur la tête du citoyen Caracalla. Il savait, par expérience, qu'il n'y a point à discuter avec les fureurs révolutionnaires, et que leur logique est expéditive. Il se mit à fuir à toutes jambes.

C'était là comme un aveu de son royalisme. Les sans-culottes se mirent à sa poursuite. Mais le ciel se plaît à favoriser quelque temps les coquins pour rendre ensuite leur punition plus éclatante et plus exemplaire.

Le citoyen Caracalla trouva ouverte une petite porte qui donnait sur la cour; il s'y précipita tête baissée et la ferma derrière lui. Il était temps.... car il avait déjà senti, au-dessous des reins, l'atteinte d'une certaine pique qui n'était pas disposée à lui faire merci.

Comme, dans la salle des jugements, on ne connaissait pas encore l'aventure, et qu'il avait de l'avance sur ceux qui le poursuivaient, il put facilement gagner l'entrée et s'échapper.

Tandis qu'il allait se cacher dans quelque bouge fangeux des faubourgs, le marquis de Froulay, suivi par son fidèle Sylvestre, courait à toute bride vers la frontière d'Allemagne.

XI

Le Vieillard et la jeune Femme.

Deux ans se sont écoulés depuis les événements que nous venons de raconter. Notre histoire nous transporte forcément dans une petite ville d'Allemagne que la guerre avait respectée jusque là, mais à laquelle elle vient enfin de faire sentir ses rigueurs.

Les Français sont entrés la veille dans Spornheim. Cependant la physionomie de cette jolie petite cité n'en est point notablement changée. Elle est toujours tranquille, silencieuse, et étale joyeusement au soleil ses maisonnettes de brique rouge entourées de jardinets.

Parmi ces maisonnettes, la plus élégante et la mieux tenue est sans contredit celle que vous voyez là-bas, à l'extrémité de l'un des faubourgs, à l'ombre des peupliers qui bordent la rivière.

Les deux appartements qu'elle renferme sont habités par un vieillard et une jeune femme qui ne se connaissaient pas il y a six mois, et qui sont unis aujourd'hui par les liens de l'amitié la plus tendre.

Il est huit heures, et l'on entend au loin un bruit inusité, — le roulement du tambour. Le vieillard, déjà levé, se promène dans le jardin et visite ses fleurs. Cependant il paraît inquiet; tantôt il ralentit son pas, tantôt il marche vite. Puis il jette de temps en temps un coup-d'œil sur la porte de la maison.

Un charmant enfant aux yeux bleus, aux cheveux blonds tombant sur les épaules en boucles épaisses et soyeuses, s'y montre tout à coup.

Le vieillard l'appelle et l'enfant vient se jeter dans ses bras. L'affection qu'ils se témoignent mutuellement est sincère et réelle.

Un instant après la mère paraît.

Le vieillard s'avance vers elle et la salue avec cette familiarité respectueuse et noble qui sent les belles mœurs de l'ancienne cour.

— Je ne saurais trop vous remercier, Madame, de la peine que vous avez prise cette nuit de descendre chez moi lorsque ma petite servante, perdant la tête, a demandé du secours dans la maison. Mon indisposition a duré fort peu de temps.

— Oh! tant mieux...

— Savez-vous bien, Madame, que plus nous marchons en avant, plus je me trouve en reste de reconnaissance avec vous. Depuis que vous êtes venue habiter une partie de ce logement, il n'est pas d'attentions et de soins dont vous ne m'ayez accablé. D'où vient donc l'intérêt que vous me portez?

— La jeunesse ne doit-elle pas aide et respect aux cheveux blancs?

— Oh! c'est là un beau sentiment et qui part d'une belle âme. Hélas! de jour en jour, ces maximes-là se perdent davantage! Nous ne nous sommes faits encore aucune confidence; nous ne savons l'un de l'autre rien autre chose, sinon que nous sommes Français. Mais je parierais que vous appartenez à une bonne et sainte famille... Une famille d'émigrés, peut-être?

— Mon mari était gentilhomme...

— C'est bien cela! Et il combat peut-être aujourd'hui dans les rangs des serviteurs du roi.....

— Voilà trois ans que je n'ai eu de ses nouvelles... Il est mort!

— Mort... oui... mort... comme mon fils, comme mon pauvre Louis. Oh! j'ai été bien dur pour lui.

La jeune femme tressaillit.

— Oui... Madame... j'avais un fils, un jeune homme brave, éclairé, accompli, qui aurait fait l'honneur de ma race. Je l'ai éloigné de moi parce qu'il s'est marié sans mon consentement. A cette époque, je n'avais pas encore été à la rude école des révolutions; mon caractère n'avait point encore appris à fléchir. Pauvre Louis! Il m'aimait bien! dans son désespoir, il se sera tué! Encore, s'il me restait quelque chose de lui! Mais je suis seul, seul au monde!

La jeune femme prit la main de son enfant et fit un mouvement pour l'attirer à elle.

— Après tout, reprit le vieillard, cette femme était peut-être digne de lui, quoique née dans une position bien infime! Ne l'avait-il pas choisie? J'ai eu des preuves que sa famille n'était pas aussi méprisable que je voulais bien le croire! Il y avait du cœur chez ces gens-là! Croiriez-vous bien qu'ils m'ont sauvé la vie!

— Ils ont fait leur devoir.

— Non! non! ils ne me devaient pas cela, Madame! Eh bien! voyez comme est le cœur humain. Au fond de l'âme je leur rends justice. Un mauvais orgueil m'empêche encore de reconnaître tout haut tout ce qu'ils ont fait pour moi... Ils sont ici...

— Ah! ils sont ici!...

— Ils sont ici... à Spornheim, et je n'ai point encore osé presser leur main dans la mienne! Leur présence, au contraire, m'importune, m'humilie! la reconnaissance m'est à charge! Il est vrai que ce sont de pauvres comédiens de campagne qui courent les villes et les bourgades pour gagner leur vie; mais leur conduite n'en a-t-elle pas moins été grande et généreuse? Ah! misérables natures que nous sommes!

La jeune femme cacha une larme et embrassa son enfant.

XII

Marie.

— Vous n'avez pas oublié, ma mère, dit Marie, que c'est dans deux jours qu'échoit la pension du marquis de Froulay.

— Oui... répond la mère Gigogne, cette prétendue pension qui lui vient du roi et des princes, et que nous lui gagnons, nous, avec nos comédies et nos ballets. Il ne se doute de rien ?

— De rien... Mon frère Jacquinet s'acquitte tous les mois de sa mission avec beaucoup d'intelligence.

— J'avais bien peur pour le paiement de ce

quartier-ci; notre caisse était effroyablement vide il y a six semaines. Heureusement que la petite tournée que nous venons de faire dans le Hanôvre a été fructueuse.

— Quel bonheur!

— Et toi, comment te trouves-tu ici?

— Toujours heureuse. Le Marquis est le meilleur des hommes!

— Il faudra bien cependant que tout ce mystère-là s'éclaircisse un jour!

— Oh! jamais, ma mère! je connais le caractère du Marquis; il ne voudrait pas me voir auprès de lui; il repousserait nos sacrifices : il serait abandonné et malheureux! Ne dois-je pas à mon mari de soutenir les derniers pas de son père? Et puisqu'il n'y a que ce moyen de lui faire accepter mes soins et mon dévoûment, je resterai cachée!

— Marie, tu es un ange!

— Et puis je suis si contente lorsque je le vois presser mon enfant sur son cœur! Il l'aime, comme s'il savait notre secret. On dirait qu'une voix secrète lui a révélé par quels liens il tient à lui : c'est là ma récompense!

XIII

Ce qu'il était advenu d'un pauvre Chevalier.

La mère Gigogne était sur le champ de foire de Spornheim, occupée à faire restaurer la barraque en planches dans laquelle sa troupe voyageuse devait reprendre le lendemain le cours de ses représentations, lorsqu'elle entendit la voix de la plus petite de ses filles, Nina, qui accourait à elle en criant :

— Maman ! maman ! donnez-lui un morceau de pain !

— Un morceau de pain? et à qui, ma belle?

— A un pauvre Français que j'ai vu sur la route, pendant que j'étais en train de cueillir des fleurs dans les fossés! Il n'a pas mangé depuis deux jours, et peut à peine marcher!

— Qu'il vienne! qu'il vienne!...

— Tenez... le voilà.

Une espèce de spectre fit alors son apparition. C'était un grand corps maigre et efflanqué, qui nageait dans un habit de soie éraillé dont la couleur restait indécise; des bottes poudreuses, une culotte sans boucles, des bas dépareillés, un petit tricorne dont l'un des coins était rongé par le temps et par les rats, achevaient la toilette du pauvre sire. Sa figure hâve et amaigrie, ses yeux languissants, ne juraient pas avec son accoutrement. Il était l'image la plus exacte et la plus parfaite de la misère au grand complet, misère grotesque toutefois, et qui prêtait à rire avant d'exciter la pitié.

Quand le Français fut en face de la mère Gigogne, il adressa en guise de remerciment un petit sourire grimaçant à Nina; puis il dit d'une voix éteinte :

— Madame, je suis le chevalier de...

Et il s'arrêta tout à coup, les yeux fixés sur son interlocutrice, et les bras tendus en avant.

— Chevalier, ou comte, lui dit la mère Gigogne, sans lui donner le temps de reprendre haleine, peu m'importe! vous êtes Français, vous avez faim, suivez-moi à notre auberge... je vous ferai servir un bon dîner qui vous remettra un peu sur vos jambes... et puis après cela nous verrons ce que nous ferons de vous.

L'affamé se trouva bientôt devant une table bien servie, et il dévora tout ce qu'on plaça devant lui avec une véritable rage et de façon à exciter l'admiration de la famille Durantin réunie autour de lui. Jacquinet fit même l'observation que s'il eût été possible de le laisser sans nourriture jusqu'au lendemain, il eût joué au naturel, devant toute la ville rassemblée, le rôle du sauvage mangeant de la chair humaine.

Si le chevalier de Villefontaine n'avait été reconnu ni par la mère Gigogne, ni par Flanquette elle-même, tant il était changé, lui avait parfaitement retrouvé dans sa mémoire les traits de tous les membres de la famille. Mais il se garda bien de rappeler qui il était, soit qu'il fût blessé dans son orgueil en se voyant à la merci de gens qu'il avait si fort méprisés autrefois, soit qu'il craignît que le souvenir des mauvais services qu'il avait rendus aux Durantin ne lui nuisît beaucoup dans leur esprit et ne changeât leurs dispositions à son égard.

Lorsque le chevalier eut apaisé son premier appétit, il lut très distinctement dans les yeux de ses protecteurs le besoin qu'ils éprouvaient de lui adresser des questions. Il se prépara tacitement à les satisfaire, sans toutefois se trahir.

Il y a un grand fond de curiosité chez les femmes, et les meilleures natures n'en sont pas exemptes. La mère Gigogne se chargea de commencer l'attaque.

— Ah ça! mon grand garçon, dit-elle au chevalier, comment vous êtes-vous laissé tomber dans cet état-là?... Vous ne savez donc rien faire?...

— Je ne sais pas faire grand chose, répondit piteusement le chevalier.

— Vous avez été élevé en grand seigneur?

— Précisément... Mais qui diable aurait pu prévoir cette damnée révolution ! Feu mon honoré père, qui n'avait pas le nez très fin, ne se doutait guère qu'il y aurait tant de remue-ménage, et il me fit apprendre l'escrime, l'équitation, le violon et l'histoire de mes nobles ancêtres : on ne va pas loin avec cela. Lorsque j'émigrai en Angleterre, je cherchai à utiliser mes petits talents; hélas! que je les trouvai petits, en effet! J'ouvris une salle d'escrime; à la première séance, je fus touché trente-trois fois par l'un de mes élèves. Je n'étais que de cinquième force, et j'avais moi-même besoin de leçons. Je savais tout juste assez d'équitation pour être reçu cavalier dans les Horse-Guards. Je voulus donner des leçons de danse; mais il y avait concurrence, et les quelques élèves qui m'avaient été confiés me furent bientôt enlevés par un duc qui, je l'avoue, connaissait mieux que moi la gavotte et le menuet. D'ailleurs je jouais du violon à écorcher les oreilles des ladys les plus cuirassées. O mon noble père! comme mes professeurs t'ont volé ton argent! Enfin, réduit aux abois, je me mis à utiliser quelques dispositions culinaires. Je me perfectionnai dans l'art d'assaisonner la laitue, la romaine et la chicorée; et je me fis payer par de riches Amphytrions pour aller accommoder la salade à leurs dîners. Mais, hélas! cette industrie ne pouvait avoir qu'une saison. Lorsque la salade eut disparu de la surface de la terre et des tables, je me trouvai encore une fois sans ressources. Je partis pour l'Allemagne, avec quelques écus dans ma poche. Ici on n'aime ni le menuet, ni la salade française. Je vis bientôt la fin de ma bourse. Je trouvai très peu de crédit dans les auberges : je subis des jeûnes forcés, et plus ou moins longs, suivant que le hasard me faisait rencontrer des âmes compatissantes à des distances plus ou moins rapprochées. Il y avait deux jours et quelques heures que je n'avais rencontré d'âmes compatissantes, et j'étais dans un état très alarmant, lorsque j'eus le bonheur d'arriver dans ces lieux et d'y trouver la plus touchante hospitalité. Permettez-moi de dire encore deux mots à ce jambon de Mayence !

— Pauvre enfant ! fit la mère Gigogne, et vous n'avez aucune ressource ?...

— Ah ! mon Dieu ! aucune !... répondit Villefontaine...

— Consentez-vous à rester avec nous ?...

— Diable ?... très volontiers !

— Mais que pourrons-nous vous faire faire ?

— Tout ce que vous voudrez !

— Tenez... justement dans notre dernière tournée nous venons de perdre ce pauvre père Tapon qui, pendant soixante ans a si bien travaillé la grosse caisse... vous le remplacerez...

— Je le remplacerai... sans prétendre l'égaler... reprit modestement le chevalier.

— Dites donc, mère, dit Boulot... est-ce que monsieur ne pourrait pas plutôt me remplacer à la parade ?... Je suis fatigué de faire depuis si long-temps la queue rouge et de recevoir par jour trente coups de pied et autant de coups de poing...

— Je préfère la grosse caisse, se hâta d'ajouter Villefontaine.

— Va pour la grosse caisse, mon garçon ! dit la mère Gigogne.

Dès le lendemain, le chevalier entra en fonctions. C'était un spectacle triste à la fois et philosophique, que de voir le chevalier de Villefontaine, l'un des plus nobles noms de sa province du Limosin, jouant de la grosse caisse sur des tréteaux de comédiens de campagne. O néant des grandeurs humaines! ô jeu bizarre des révolutions !

Toutes les fois que le chevalier n'allait pas en mesure, ou ne frappait pas assez fort, il recevait du chef d'orchestre une admonition assez brutale. Et il se fût bien gardé de témoigner de la mauvaise humeur, car il savait que Jacquinet avait un caractère fort peu tolérant, un poing d'une puissance fort respectable, et il se souvenait parfaitement du mauvais quart-d'heure qu'il avait passé lorsqu'il l'avait eu naguère à ses trousses dans les corridors du théâtre des *Variétés-Françaises*.

Ce pauvre chevalier était bien honteux de son rôle. Peut-être eût-il brusquement laissé là Jacquinet et sa grosse caisse, s'il n'eût senti gronder en lui-même le plus robuste des appétits. Il est impossible de résister à l'éloquence de l'estomac.

Du haut de son trône harmonique, le chevalier jetait de tous côtés des regards inquiets, soit qu'il craignît pour l'honneur de son blason de trouver dans la foule des figures de connaissance, soit plutôt que, dans sa détresse, il cherchât le secours d'un protecteur et d'un ami.

Tout-à-coup il poussa un cri de surprise et prononça ce nom : Lafleur !

Aussitôt que la parade fut terminée, il quitta les tréteaux et descendit au milieu de la foule pour retrouver celui dont la vue lui avait arraché son exlamation.

— C'était bien lui, disait-il, tout en courant çà et là... Malgré ses épais favoris, son nouveau costume et son chapeau rabattu sur les yeux, je l'ai parfaitement reconnu dans le moment où il a levé la tête vers nous... Sa tenue est assez mystérieuse, mais annonce l'aisance... Peut-être le drôle, se souvenant du passé, pourra-t-il m'être utile et m'aider à attendre des jours meilleurs.

Mais toutes ses recherches furent inutiles; Lafleur avait disparu.

Le chevalier revenait tristement vers la baraque de bois, désormais son seul asile, lorsqu'il fut abordé par Jacquinet.

— Écoute ici, petit, lui dit le géant.

Le chevalier s'approcha en tremblant.

— Il faut que tu me rendes un service.

— J'éprouverai du bonheur à vous le rendre.

— Je suis chargé par ma mère de remettre tous les mois trente florins à un vieil émigré qui croit les tenir des Capet... Il me fait toujours un tas de questions auxquelles je ne sais comment répondre... Tu as peut-être plus d'esprit que moi...

— Vous me faites trop d'honneur.

— Et puis tu es de sa bande... vous vous

entendrez bien ensemble. Voilà les trente florins. Tu vas les lui porter. Surtout, bouche close sur l'origine de l'argent. Il ne faut pas qu'il connaisse la main qui donne. C'est bien recommandé. Tu lui diras que tu arrives de Londres, que tu es au service de Condé ou de d'Artois, enfin, tout ce que tu voudras. Je te laisse carte blanche.

— Où demeure cet émigré?...

— Tout au bout du faubourg d'Ingolstadt, qui est là devant toi... c'est la dernière maison. Tu demanderas le marquis... on le connaît sous ce nom là. Et songe bien que si tu ne t'acquittes pas de ma commisssion en conscience, je te casse un bras ou une jambe.

— C'est convenu!

Tout en gagnant la dernière maison du faubourg d'Ingolstadt, le chevalier palpait les trente florins, et se demandait si, au lieu de continuer à battre de la grosse caisse, il ne ferait pas bien de gagner le large et d'aller chercher d'autres aventures. Mais la crainte ou l'honneur l'emportèrent dans son âme sur sa haine pour la musique, et il se décida à accomplir sa mission.

Il se fit introduire auprès du marquis.

— Grand Dieu ! s'écria-t-il en le voyant... monsieur de Froulay !...

— Qui êtes-vous ? Je ne vous ai jamais vu !

— La misère m'a-t-elle donc à ce point changé que les yeux de l'oncle ne reconnaissent pas le neveu ?

— Attendez donc !...

— Le chevalier de Villefontaine...

— Comment !... c'est toi, Chevalier ?

— Moi-même...

— Il y a si long-temps que je ne t'ai vu !...

— Oui !... depuis la prise de la Bastille... Je suis parti ce jour-là pour ma province du Limosin... et sans vous faire mes adieux...

— Tu avais peur sans doute ?...

— Peur !... moi, le chevalier de Villefontaine !

— Mais quel hasard t'amène ici ?

— Je viens vous apporter trente florins...

— Ah! ma pension!... Tu es donc au service du roi ou des princes?...

— C'est une erreur...

— Comment?...

— Je suis au service de comédiens ambulants, pour lesquels je bats la grosse caisse.

— La grosse caisse!... En effet, cet accoutrement...

— Est celui d'un homme qui avait besoin de manger, et je mange à présent...

— Mais mon pauvre enfant, tu n'as donc de part aux justes libéralités de nos princes?...

— Nos princes sont aussi pauvres que vous et moi, et reçoivent eux-mêmes des secours de l'étranger... Tous les ducs, comtes et marquis de l'ancienne cour travaillent dans ce moment pour vivre comme de vils roturiers.

— Mais cet argent que tu m'apportes... que je reçois si régulièrement tous les mois?...

— Vous vient de cette femme... vous savez... la mère Gigogne!

Une vive rougeur colora subitement le visage du marquis. Sans cesse ce nom venait s'offrir à lui, escorté d'un nouveau bienfait. Le marquis était homme de cœur ; il s'avoua vaincu.

Il se leva, prit son chapeau et sa canne et dit à Villefontaine :

— Chevalier, conduis-moi vers elle...

— Comment ! vous voulez voir ces petites gens ?... J'en serais humilié pour vous et pour moi...

— Conduis-moi vers elle ! reprit le vieillard d'un ton plus impérieux.

Lorsque le marquis se trouva en face de la mère Gigogne, il ne mit dans sa démarche ni hésitation, ni fausse honte. C'est là le propre des grands caractères, d'être entiers, absolus, décisifs dans tout ce qu'ils font.

— Madame, lui dit-il, je vous ai humiliée, mais vous valiez mieux que moi. Le marquis de Froulay vous remercie. Donnez-moi votre main.

— Monsieur le Marquis, vous ne me devez

rien, reprit la mère Gigogne. Puis, montrant Marie : Cet ange a tout fait.

— Eh! quoi... Madame... vous ici?... s'écria le marquis tout étonné...

— Je suis la fille de la mère Gigogne, dit Marie en baissant les yeux.

— La femme de Louis sans doute?...

— Et voilà votre petit-fils !

Le vieillard pressa long-temps sur son cœur Marie et son enfant, en les arrosant de ses larmes.

XIV

L'espion.

Pendant que cela se passait dans la barraque des comédiens, une scène d'un autre genre avait lieu sur la place d'armes de Spornheim.

Les troupes françaises, arrivées la veille, y étaient rangées en ordre de bataille, et le général se promenait en long et en large sur le front de bandière. Il fut bientôt rejoint par un personnage revêtu du costume de représentant du peuple.

— Eh bien ! citoyen ! lui dit-il... avez-vous des nouvelles ?

— Oui... le courrier que j'attendais du commandant en chef de l'armée de Sambre-et-Meuse vient d'arriver...

— Eh bien ! marchons-nous en avant ?...

— Non... nous devons tenir encore cette position pendant deux jours...

— Quel contretemps !

— La fatalité qui nous poursuit depuis notre entrée en campagne ne nous a pas abandonnés. Il paraît que le mouvement que nous devions faire demain est déjà connu des Autrichiens... Voilà quatre fois que cela nous arrive, et nous n'avons triomphé de cette trahison continuelle qu'à force de courage et d'audace... Ah ! si je pouvais saisir le misérable qui livre ainsi nos secrets à l'ennemi !

— Son affaire ne serait pas longue à instruire... je vous le promets ! Mais avez-vous quelques soupçons ?...

— Oui... sur un homme qui fait partie de notre administration des vivres, et qui est l'écume des plus mauvais clubs de Paris. Je me défiais depuis longtemps de sa fausse exaltation républicaine, et j'avais déjà reconnu en lui un de ces scélérats qui gâtent les plus belles causes en y touchant. Je le fais surveiller par des agents habiles.

— Où faut-il conduire les troupes?

— J'ai fait avertir le bourguemestre de la prolongation de notre séjour. J'attends qu'il me fasse connaître ses dispositions pour le logement. Il ne peut tarder à paraître... Mais qu'avez-vous, général? vous paraissez triste et préoccupé. Après un commencement de guerre si chaudement conduit, et qui vous a attiré les éloges publics de la Convention elle-même, la pensée d'un glorieux avenir devrait seule occuper votre esprit...

— Je vous l'avouerai, mon ami... au milieu du tumulte de la guerre, malgré les soins du commandement et les énivrements de la gloire, mon esprit se reporte toujours avec amertume vers l'étrange révélation que vous m'avez faite...

— Oui... lorsque nous nous retrouvâmes d'une façon si singulière, il y a deux mois. En recevant l'ordre de la Convention, qui m'envoyait à votre corps d'armée, je ne m'attendais guère à retrouver dans son chef, et sous le nom de général Bernard, le vicomte de Froulay. Et vous, vous n'avez pas dû être moins étonné en reconnaissant dans le représentant du peuple Dupuis, ce petit avocat au parlement avec lequel vous vous êtes mesuré l'épée à la main derrière les remparts de la Bastille.

— Et Marie n'est pas morte? dit le général en sortant de ses réflexions.

— Non, général, non... elle n'est pas morte! elle a échappé à l'incendie de l'Hôpital-Général, et depuis cette époque elle n'a cessé de consacrer sa vie à votre père et à votre enfant!

— Mon fils! mon fils! oh! j'en deviendrai fou! Mais comment se fait-il que vous ayez tout-à-fait perdu les traces de madame Durantin et de sa famille?

— Que voulez-vous? nous menons tous une vie si agitée depuis quelque temps! tantôt au nord, tantôt au midi... jamais stables, jamais en place. Dans les premiers mois de 1793, au moment où la guerre prenait des proportions gigantesques, je fus envoyé en mission secrète à Constantinople. J'y restai près de huit mois, et à mon retour, et malgré toutes mes recherches, je n'eus plus de nouvelles ni de la mère Gigogne, ni d'aucun des siens.

La conversation des deux amis fut interrompue par l'arrivée d'un aide-de-camp, qui annonça au général qu'un homme venait d'être arrêté par la police de l'armée, au moment où il cherchait à franchir les avant-postes du côté des Autrichiens. Des papiers trouvés sur lui indiquaient, à ne pas s'y méprendre, que cet homme jouait depuis longtemps le rôle d'espion dans les rangs de l'armée française.

Le représentant Dupuis saisit ces papiers, y jeta un coup d'œil-rapide et s'écria :

— Je ne me trompais pas!... c'était ce Caracalla...

— Capitaine Larreguy, dit le général à son aide-de-camp, faites préparer un piquet pour l'exécution. Elle aura lieu ici même, immédiatement, et selon les lois de la guerre. Il faut faire un exemple.

Les ordres du général ne souffrirent point

de retard dans leur accomplissement. L'espion fut placé dans un coin de la place, le piquet d'exécution se disposa sur deux rangs en face de lui, et le capitaine Larreguy s'apprêtait déjà à lui bander les yeux, lorsqu'il déclara qu'il avait un secret à révéler au général.

On le conduisit devant lui.

— Allons... que me veux-tu ?... dit brusquement le général. C'est sans doute un nouveau stratagème pour prolonger ta vie ?...

— Après m'avoir entendu, général, vous me remercierez d'avoir parlé...

— Abrège... abrège !...

— Général, je voudrais parler à vous seul...

Sur un signe du général, tout le monde s'éloigna.

— Général, dit alors l'espion, ce n'est pas la première fois que nous nous voyons.

— Tant pis pour moi.

— Je suis devant le vicomte de Froulay, aujourd'hui le général Bernard.

— C'est un secret qui demain n'en sera plus un pour personne; car demain je joins mon véritable nom à celui que quelques succès militaires ont illustré. Ainsi, dans le cas où tu aurais compté là-dessus pour sauver ta tête, tu aurais fait un bien mauvais calcul...

— Si monsieur le vicomte de Froulay croit qu'en pareille circonstance je me suis embarqué sur une planche aussi fragile, cela prouve qu'il a une bien triste opinion de l'habileté et des ressources d'esprit de son ancien valet de chambre Lafleur...

— Lafleur.... en effet... je me souviens... un mauvais drôle... capable de tout...

— Monsieur le vicomte me reconnaît...

— Allons au fait.

— J'y arrive. Monsieur le vicomte a une femme qu'il aime tendrement... qui le croit mort... qu'il a cru morte... et qu'il peut retrouver encore....

— Eh bien...

— Eh bien... cette femme, je sais où elle est et je puis le dire à une condition!

— Laquelle! laquelle!

— C'est que j'aurai la vie sauve.

— Je t'accorde la vie... mais parle!

— Un instant... il faut faire tout en règle...

avant de vous dire mon secret, je veux une garantie. Vous allez me signer un sauf-conduit auquel le citoyen représentant du peuple apposera également sa griffe.

— Mon ami, dit brusquement le général à Charles Dupuis qui s'était approché.... il me faut la vie de cet homme... il va me dire où je retrouverai Marie...

— Il le sait, s'écria Dupuis...

— Je le sais...

— Eh bien... nous te faisons grâce du dernier supplice, mais tu partiras sous bonne escorte pour la France, et pendant cinq ans tu resteras enfermé comme prisonnier de guerre dans la citadelle de Metz.

— J'y consens, répondit humblement l'espion.

Le sauf-conduit fut signé et le capitaine Larreguy reçut ordre de faire partir l'espion le soir même pour la France, à moins d'ordres contraires.

— Et maintenant explique-toi, dit le vicomte.

— Général, vous apercevez d'ici... au milieu

du champ de foire... une barraque sur la porte de laquelle est étalée une grande affiche. C'est un théâtre. Allez là tout droit et vous trouverez celle que vous cherchez. Vous voyez, général, reprit-il en souriant et en serrant le sauf-conduit dans son portefeuille, que j'ai acheté la vie à bon marché. Mais enfin je savais ce que vous ne saviez pas.

Quelques minutes après, le général et Charles Dupuis étaient à l'endroit indiqué. Ils arrivèrent au moment même où le vieux marquis reconnaissait dans Marie son ange sauveur et sa protectrice. Il faut renoncer à décrire la scène touchante à laquelle leur arrivée donna lieu. C'est à l'imagination du lecteur à remplacer ici la plume de l'écrivain.

A partir de ce moment, les Froulay, les Durantin et Dupuis ne formèrent plus qu'une seule famille bien unie. Le chevalier fut nommé directeur de la manutention des vivres dans le corps expéditionnaire du général Bernard de Froulay.

Quant au citoyen Caracalla, il s'échappa des mains de l'escorte qui le conduisait en France et retourna vers les Autrichiens. Mais ceux-ci, qui avaient appris son aventure et qui le soupçonnaient de n'avoir obtenu sa grâce du général Bernard qu'à la condition de venir exercer parmi eux son métier au profit des Français, le fusillèrent sans autre forme de procès.

XV

Trente ans après.

Charles Dupuis, parvenu sous l'Empire, qu'il servait par dévouement pour la France, à la première des positions diplomatiques, épousa l'héritière d'un très grand nom qu'il rencontra dans le salon d'un ambassadeur, et qui le charma par ses grâces simples et son esprit sans prétention. Il vécut toujours dans l'intimité la plus grande avec Louis de Froulay, que Napoléon fit lieutenant-général, duc, grand-cordon de la légion-d'honneur, etc., etc.

A la Restauration, les deux amis rentrèrent dans la vie privée, et Dupuis acheta une propriété voisine du château de Froulay. Le général et lui se voyaient tous les jours et se plaisaient à raconter à leurs enfants, réunis autour d'eux, l'histoire de la foire Saint-Laurent et les aventures de la mère Gigogne. La bonne Marie souriait et pleurait, en entendant parler de sa mère pour laquelle ils professaient tous un véritable culte.

Charles Dupuis et le général moururent dans l'année qui suivit la révolution de Juillet, après avoir consolidé, par un double mariage, les liens qui unissaient déjà leurs familles. Marie ne leur survécut pas long-temps. Et, aujourd'hui leurs enfants et petits-enfants célèbrent encore tous les ans une fête dans la salle principale du château de Froulay, où se trouve un beau portrait de la mère Gigogne.

FIN.

TABLE.

Chapitres.	Pages.
Cinquième partie...	1
I. Les importuns.	3
II. Le neveu.	17
III. La bande comique.	23
IV. Les reproches.	51
V. Tentative.	55
VI. Correspondance.	69
VII. Le club des cotillons.	71
VIII. Babel.	85
IX. Retour.	103
X. Le masque de velours noir.	105
XI. Tragédie.	111
XII. La blessure.	113
XIII. Mariage et agonie.	117
XIV. Un caprice de l'invalide.	123
XV. L'émissaire.	127
XVI. La nouvelle.	135
XVII. La malle.	143
XVIII. Paris.	149
XIX. Le père Millet.	159
XX. Sœur.	165

Chapitres.	Pages.
XXI. La duchesse de Minden.	171
XXII. La tombe.	177
XXIII. Conclusion.	179

LA MÈRE GIGOGNE.

I. La Foire Saint-Laurent.	185
II. Le lendemain.	195
III. Charles Dupuis.	215
IV. M. Lafleur.	227
V. Les suites.	245
VI. Le marquis de Froulay.	257
VII. Saint-Sevrin.	271
VIII. Tempête.	277
IX. Les deux serviteurs.	289
X. La prison des Carmes.	303
XI. Le vieillard et la jeune femme.	313
XII. Marie.	321
XIII. Ce qu'il était advenu d'un pauvre chevalier.	323
XIV. L'espion.	339
XV. Trente ans après.	549

Sceaux. — Impr. de E. Dépée.

www.ingramcontent.com/pod-product-compliance
Lightning Source LLC
Chambersburg PA
CBHW050154230526
45470CB00001B/94